雪满山

杨波 著

河南大学出版社
HENAN UNIVERSITY PRESS

·郑州·

图书在版编目(CIP)数据

雪满山/杨波著.—郑州:河南大学出版社,2018.6
ISBN 978-7-5649-3399-9

Ⅰ.①雪… Ⅱ.①杨… Ⅲ.①散文集－中国－当代 Ⅳ.①I267

中国版本图书馆 CIP 数据核字(2018)第 133411 号

出 版 人	张云鹏
出版统筹	侯若愚
责任编辑	任湘蕊
责任校对	王　帅
封面题字	杨　波
封面设计	翟森森
出版发行	河南大学出版社
	地址:郑州市郑东新区商务外环中华大厦 2401 号　邮编:450046
	电话:0371-86059701(营销部)　　　网址:www.hupress.com
印　　刷	河南瑞之光印刷股份有限公司
版　　次	2018 年 7 月第 1 版　　印　次　2018 年 7 月第 1 次印刷
开　　本	890mm×1240mm　1/32　印　张　8.125
字　　数	218 千字　　　　　　　　定　价　38.00 元

版权所有·侵权必究
本书如有印装质量问题,请与河南大学出版社营销部联系调换

泉眼无声惜细流

萧开愚

这一周降温，院子里梅花开了，枇杷的花也开了。梅花劳苦，终年不停地茂盛这个那个；枇杷四月结果，五月底六月初可摘，隆冬破蕊，表示着区区一点果汁是熬出来的。我是梅花命，坐在花间看杨波的文稿，觉得他是枇杷命。

我到河南大学教书时，杨波还在读研，好像没有见过。他留校后我们成了同事，朋友有次请饭有他，他没大说话，君子讷于言吧。后来间或请国内外专家讲课，我去科研处找领导签章，碰到他时他总说"有杂事叫我就好了"。后来，他对南卡韩嵩文老师近现代知识生产转型的研究感兴趣，韩老师是我的朋友，渐渐地我们也就成了朋友。今夏去佛蒙特创译中心前，几个人在黄河船餐小聚，他叫写序，我才知道他是一个作家。

读完杨波这个集子，也就了解了杨波这个人，一个可交的人。他的自序和故事都写得踏实，一是文字踏实，用胡适的话说，是在古文里洗过澡的人的文字，杨波的文章字斟句酌，给人再现的、可放心接触的文体感。二是内容踏实，有啥写啥，貌似谦虚，实际是在充分体谅他人的行为的时候，把他自己的心理活动老实交代。现代散文大致就三个传统，一个是韩愈代表的先秦传统，二个是归有光的传统，三个是进口的论说文传统。先秦没什么人学，论说文夹叙夹议，显要在登长文的报刊上，归有光之流写小范围里的生活，知人论事，凌微细浪，叹去叹留，重点是明哲保身,现代时期的作家大都主动归宗。杨波写亲人、邻里、长辈和民工,年节、探访和旅游,人性的表现带出为人的处境,故人和故物发作字迹和人文的忧愁。他是归有光传统出来的,学术训练帮他隔膜了吓人的大东西,亲近了身边的人事,他推敲他的语言,讲在开封、沁阳和洛阳三地间来来回回,孩子和老人们的日常琐碎。晴空时有阴霾,鞭炮很多沉默,善良充满欺诈,具体流利的生活研究也就是生存艰涩的展开。

杨波这些散文之能可感,在于他没犯一个散文家爱犯的错误,为了赞美就只看见顺眼的东西,为了批评就只看见碍眼的东西。他的故事里差不多每个人都有可喜和可憎两个方面的演出,他写的装修工人就像谁都遭遇过的装修工人,开始都好后来都坏,包括女儿,时而讨厌得要命时而可爱得要命。杨波自己作为故事里的角色,始终自控但仍然爱恨交加,他是他的这些故事里真正的主角,他的心理活动是这些他人的故事里真正的故事,表面上被动反应,其实是他请来这些人做这些事,让他做出反应。文雅的叙述和他人的行径,不过是平常人物的平常剧情展演,正戏是杨波本人的心理独白。这个独白的声音十分地挣扎,似乎要脱出难受、尴尬和愉快的混凝,又终究不能。真实的存在的声音,像一根颤抖的绳子维系着什么,听之不忍任之。杨波是古诗爱好者,练过书法,我也是。他写古人的字的文章,引得我想看看他的字怎样,他爱说的"元气淋漓"应该留在他的字上了。更有意思的是,杨波和范成大之间似乎有一点神秘,读他写过年和现在农村的空疏的篇什,我想起了范成大的《春日田园杂兴》:"蝴蝶双双入菜花,日长无客到田家。"而他之与他的父亲,酒量惊人、不知放映机和放过的电影的拷贝是否给当作破烂卖了的老放映员,叫我想到另外两句:"社下烧钱鼓似雷,日斜扶得醉翁回。"而这整个集子,就像它试着洗印文脉的小城和小村,缭绕着景文共生的生动的香气,称得上"青枝满地花狼藉"。春兴不免伤怀者也,逝者长已矣,生者足可惜。

杨波不仅记日记,而且长此以往地集腋披沥,主要是他珍重周围流动的是是非非,以为光影凭靠,这些使我选了杨万里的诗做标题。杨波说他喜欢考碑,但杨诗接下来一句说不定揭了他的底:"树阴照水爱晴柔。"

2018年1月12日,于上海

如是而已

我素来以文学研究为志业,没想到正式出版的第一本书竟然是这本薄薄的散文集子,实在是不务正业。读书人总是敏感多虑,我有写日记的习惯,十几年来,记下了不少生活中的是是非非、离合悲欢和琐碎人事,有时兴之所至,也会写点非驴非马的文字,好听一点是散文随感,其实大多不过是一时感兴而已,对自己是情绪的释放和宣泄,对他人并无多少阅读的价值。这些文字大多是半成品,积攒得多了,也想拿出来,一来收拾一下心情,回顾过往,歧路彷徨俱往矣,来日山高水长,纵马脱辔而驰万里;二来在琐碎枯涩的生活之外,找点有趣的事,大梦将寐,犹事雕虫。于是,我尝试着申请了公众号"如是而已"。我没有考究"如是而已"的出处和来历,只是循着字面意思,把身架放低,找个发声的窗口,自娱的同时,如能娱人,更好。

起初,我踌躇满志,一天一更新,渐渐力有不逮,两三天或一周一更新,后来就经常断粮了,一个月更新一两次就不坏了。就这样勉力维持,一年多下来,或长或短,集腋成裘,竟然也有五十多篇、十多万字了。我得感谢那些我认识的和不认识的关注者和阅读者,每篇文字后面的留言和赞赏,对我都是莫大的鼓励,是我坚持下来的动力。公众号推送不光是写出来那么简单,安排文章版式布局、文字格式,添加音乐照片等,同样费时耗力,有时为选一首契合的音乐,我会在网上折腾到半夜。也正如此,我原本稀松平常的文字,在音乐和图像的映衬下,也增色不少。至少,我是认真的。

"人事可念,岁月堪惊,如是而已。辩章学术,考镜源流,如是而已。"这是我对公众号的定位,现在看来,前者勉强够格,后者妄谈学术,实在有些虚张声势。记得当年考研究生时,天寒地冻,我呵着双手,颤颤巍巍地撕开试卷袋,看到最后一道专业课题目:"你为什么要报考近代文学专业研究生?谈谈你对中国近代文学的认识。"旁边的监考老师一眼扫见,低声笑笑,还有这样的考题。我也如释重负,但下笔时才惊觉自己背的一脑袋知识点,鸡零狗碎,全用不上了!记不得当时我写了些什么,交卷铃声响起,我的食指和大拇指被笔杆压出一个大坑。一晃十五年过去了,对文学、对学术,我仍然一知半解。毕业时,意气风发,视学术为安身立命之所,却身不由己去了机关,终日碌碌,在琐事中耗尽心力。少有远志,却为小草所绁,终日碌碌,在琐事中耗尽心力,学术与事功,本来就是迥异的两条路,多年来挣扎其间,逡巡不前,鱼和熊掌想得而兼之,实则一事无成。太多的东西放不下,到头来是自寻烦恼。

我的文字,大多和我本人一样,散淡、随意,有时难免有一点无可救药的忧郁,以及对温暖生活的向往。如同终日在旷野行进的旅行者,尝尽了孤寂和坎坷之后,看到不远处升起的一缕炊烟,对生活,对亲人,对好友,始终存着发自内心的热爱和善意。至于对大时代的呼应,对社会的热点焦点问题,我的思维跟不上,表达更无从谈起,所以文字的境界和格局还是太小了点。我还是喜欢写过年的情景,写熟识的亲人朋友,写让你恨得牙痒的小人物,写旅途的欢欣,写不明所以的情绪,也就这些了。这几年,去过不少地方,三亚、大理、苏杭、香港、澳门、美国、新加坡、泰国,读万卷书行万里路,除了放松精神,更多的还是希望给孩子一个宽阔的人生视野。这点我得感谢妻子,若不是她每次在网络上查阅攻略指南,精细擘画行程,旅程恐怕不会如此完美。除此之外的人情山川,风波盗贼,名缰利埚,统统略去,只要能记录人生过往,时间流逝的一个个小小瞬间,便足矣。

一年不算很长,丈量的尺度有很多。杨子说,一放寒假,一年就过完了;父亲母亲回老家两三次,一年就过完了;墙上的日历撕完最后一张;昙花开一次;单位催要工作总结……对我来说,年复一年,似乎没留下什么特殊的痕迹,日记又写了几本,案头的书又多了几摞而已。妻常说:"天天见你趴在书房,也没见你鼓捣出什么大作。"我无言以对。在生活日益物质化的今天,名场利海,众人没顶以从,我写这些东西又有何用?我终日要与这种虚无感斗争,与看得见又看不见的敌人作战,如毒蛇自啮其身,迷途的行者扪心自食,内心的苦痛挣扎,一刻也没有停息。

这两天毫无征兆地突然感冒,发烧,浑身疼痛,剧烈地咳嗽,又闪了腰,苦不堪言。吃了药,躺在黑漆漆的房间里,似睡非睡,似醒非醒,睡着了,我分明听到远处的汽车喇叭声;没睡着,我挣扎着要坐起来,可周围空荡荡的,什么也抓不住。从没感觉夜晚如此漫长。黑夜如狂涛巨浪,拍打着将我扔起来,沉下去,直到沉入深不可测的海底。我大声呼救,可是被掐住喉咙!终于,我浮出水面,用尽浑身力气喊出了声……我大汗淋漓地醒来,惊魂未定。我忽然觉得,梁启超、鲁迅笔下,那难以破毁的铁屋,是否也与人类面对向死而生永无破解之法的生存之困的恐惧有关?

二十世纪七十年代末出生的我,对上有老下有小的中年生活已有切身体会。最亏欠的,是我的父母。若不是多年来,他们默默无闻任劳任怨地帮我们料理家务,照料孩子的生活,我不可能有闲暇坐下来写论文,做研究,写无关痛痒的文字,甚至还能没心没肺地过着"吃完饭,碗一推,抹抹嘴,站起来就上楼"的优哉日子。他们从没有什么要求,唯一的快乐,恐怕就是在周末或是假期,我们得空,开车载他们和孩子一起去郊外散散心。然而这种小小的快乐,我给予他们的也很少。

照孔子的说法,人生四十,惑,以及所有世间的迷局都不再是问题。我恐怕正处于这样一个临界点,惑与不惑的厚度,可能就隔着那么一层薄薄的窗户纸。也许捅破之后,再回头看看自己的文字,会笑其浅薄、无味乃至迂腐,然而现在,我还是无药可解。就像每年无论如何,总想抽空回老家一趟，踏着咕咚咕咚的青石板路，穿过逼仄狭长的禄米仓胡同，和院子里那棵与我年纪相仿的棕树兄寒暄几句，到莲叶田田或者枯荷无语的东湖边上，走一走，站一会儿，我就安静下来了，人也变轻了，干净了。

明人黎遂球在花市买到一只琉璃鱼缸，注上水，撒上花，养了一对小红鱼。鱼儿见到花以为林池草木，游于缸中以为汪洋大海，看到壁上的影子以为同类，互相追逐嬉戏，欢乐之极。他于是悟道，慨然叹曰——

> 故夫人之生，仅可百年，而读书挟策，以图未然之富贵；为诗赋，弄笔墨，以求传其名；又进焉而建立功德，以与乎古者圣贤之列。能者为之，不能者强而不息。穷焉而自以为可通，幻焉而自以为贞，困顿焉而自以为犹多余地，渺小焉而自以为甚尊。且夫人之游于世中，何必其不然，而亦何必其然。（黎遂球《玻璃盎双红鱼记》）

人啊，学着做条小鱼就行了，自求其乐，何必其不然，而亦何必其然。

如是而已。

2017 年 12 月 26 日，于开封

目　　录

第一辑　四时感兴

不觉初秋夜渐长 / 3

雪满山 / 6

留得枯荷听雨声 / 10

你好，2017 / 12

消夜 / 14

怀念冬天 / 16

断章 / 19

夜语 / 23

昙花 / 26

机关用尽不如君 / 29

同学会 / 31

再见，2017 / 34

第二辑　春节走笔

春节纪事 / 41

年夜饭 / 50

回老家 / 54

走亲戚 / 57

写春联 / 60

耍故事 / 62

全家福 / 66

备年货 / 68

女儿的春节 / 71

第三辑　人物剪影

爷爷 / 79

禄米仓杂忆 / 85

大姑 / 91

金子二三事 / 95

童言拾趣 / 99

同窗轶事 / 101

老石 / 103

小李 / 106

院子老刘 / 109

第四辑　流年碎影

在医院 / 115

写日记 / 122

理发 / 126

但惜夏日长 / 131

时光电影院 / 134

少代会往事 / 144

第五辑　万里行记

下扬州 / 149

慈胜寺访古 / 152

重访月山寺 / 158

纽约鳞爪 / 163

下南洋 / 168

大理日记 / 175
苏杭日记 / 185

第六辑　读帖识文心

王铎:故人还寄草堂诗 / 193
张裕钊:文字虚名终底事 / 197
苏轼:平生文字为吾累,去此声名不厌低 / 209
黄庭坚:满船明月从此去,本是江湖寂寞人 / 216

第七辑　读书札记

谈交友 / 225
《春在堂随笔》三则 / 228
《河海昆仑录》偶拾 / 230
郭嵩焘与牛津大学 / 233
康有为与慕尼黑啤酒 / 240

第一辑

不觉初秋夜渐长

初秋

孟浩然

不觉初秋夜渐长,清风习习重凄凉。
炎炎暑退茅斋静,阶下丛莎有露光。

在手机上读到这首诗时,我正在栾川的山里。闰六月,十六,恰逢立秋,秋夜凉风,屋舍寂寥,山静水清,俨然就是眼前。

栾川旅游这几年名气很大,公路一直修进山里,修到景区门口。公路一侧,鳞次栉比,皆是农家乐、客栈、宾馆。不知是政府统一规划,还是农家自发为之,开垦出成片的空地,整整齐齐种满了月季、刺玫、美人蕉,还有五颜六色叫不上名字的花草,好看固然好看,但有些刻意,画蛇添足了。在我看来,山间随意生长的修长的柳树、青青的柿子、大如拳头的核桃还有毛茸茸的板栗和毛桃,就很好。

这里蜿蜒起伏的伏牛山系,兼备北方山脉的粗粝豪迈,和南方山脉的柔美温润。我们住的农家院就在山脚下,背依大山,面前二十步开外就是一弯清冽的溪水,潺潺缓缓。院子里种着竹子、核桃树,枝叶扶疏,树下摆着几张石桌石凳,再点缀些袅袅婷婷的美人蕉,简简单单,把院子装扮得既雅致又热闹。

出院子往西五十米,有一座高大的水泥桥。站在桥头,可俯瞰整个山谷。四下弥漫着潮湿的水腥气。东边天际,月大如轮,从山头慢慢探出头,从山坡上滚下来,滚到房顶上,跌进小溪里,扑通一声光影四溅,整个山谷像铺了一层薄薄的雪。溪水银光闪烁,仿佛从时光的深处流出来,一路蜿蜒,从脚下穿过,向未知的远方流去。

夜空澄澈,撒满星星,好久没有见到如此浩瀚灿烂的星空了,可惜我只认得北斗七星。它压得很低,勺尖快挨着山头,斗柄南指,一年又过去了大半。快到七夕了,牛郎织女相会的时间,我正努力寻找银河的踪迹,只见一道红光,一颗流星拖着长长的尾巴,划过远处的天空,不禁一阵小惊喜。小时候的夜晚,可是天天抬头都能看见满天星星的,记不清有多久没有好好看过头上的月亮和星星了。

溪水边,有人打手电,蹚着水,扒石头捉螃蟹。有人安然垂钓,红色的烟头一明一灭。山谷里除了水声,就是唧唧的虫鸣,大半是蛐蛐,偶有几声知了嘶哑的叫声。夏末秋初,正是蛐蛐活跃的时候,小时候放暑假,常和玩伴在路灯下捉蛐蛐,用空瓶子装起来,或者用狗尾巴草串起来,回来喂猫。小区的池塘里,养着十几条大金鲤鱼,一到晚上,都仰着脸,撅着嘴,聚拢在池塘边的路灯下,守株待兔,等着蚊虫自投罗网。一有飞虫掠过水面,便争先恐后探出头来,甚至跃出水面,争而食之。这里,夜间倒听不到蛙鸣,终夜不绝的,是哗哗的流水声。

虽已立秋,但离真正的秋天还早。刚进末伏,夏天远没有收场的意思,悄悄蛰伏在漫山遍野苍翠欲滴的树林里,在一泻如练的瀑布上游,在石缝间悄悄开放的秋海棠丛中,在柳树上钉着的一个个蝉蜕里……摇头晃脑,伺机而动。待到雨头一过,云彩散去,在烈日的助阵下,就会卷土重来。

如今,季节的更替早没有清晰的界限,城市中的人习惯了暖冬、雾霾、沙尘暴、一下大雨便看海,这些季节变化的症候,人间草木的细节,是体会不到的。春夏秋冬,只有在乡间、在山里才能真正感觉到吧。

头天上午刚进山时,溽暑蒸人,如洪炉铸剑,躲在水边的树荫下,仍然大汗淋漓。午饭后,厚厚的黑云压下来,填满整个山谷,一场雷雨及时赶来,轰隆隆,山里很快清凉下来。接下来两天,阵雨不断,山上的水大了,溪水也涨了,漫上了农家院的水泥地。夜深人静,水声响彻山谷,总让人感觉窗外有风雨,分不清到底是流水声还是雨声还是风声,开着窗户,就在耳边,声音越大,反越觉安静,睡得越踏实。夜晚,更多存在于听觉中,秋夜尤其如此。唯其寂静,方才可听。

还有什么比这更好的时刻呢。

"不觉初秋夜渐长,清风习习重凄凉。"夜凉如水,晚上睡觉,躺下来,可以看到远处夜色中群山的剪影、眨眼的星星,凄凉还谈不上,但山间的微风还是有沁人的凉意。孟浩然一定是心有所感,物有所触,才觉凄凉。

秋天的凉意,最先从心里升起来。

雪 满 山

冬晚对雪忆胡居士家
王 维

寒更传晓箭,清镜览衰颜。
隔牖风惊竹,开门雪满山。
洒空深巷静,积素广庭闲。
借问袁安舍,翛然尚闭关。

冬天容易想念,尤其是下雪的夜晚。

铺天盖地的白,纵然很好,总需要一点确在的东西来填补。如案头摆着一张上等的玉版宣,白如雪,泛着纸香,总让人有一种提笔濡墨的冲动,按捺不住。

雪天和童年最近。小时候雪天上学绝不会迟到,跌跌撞撞满身热汗也要赶到学校。还可以穿只有过年才能穿的"猴大衣"——那时最时髦的戴帽子的棉布大衣,长过膝盖,帽子边沿有一圈棕黑色的人造毛,暖和还耐脏。课间的操场像煮沸的开水,到处冒着热气。一群人打雪仗,疯的呀,直到棉鞋灌满雪水,手指麻木像针扎失去知觉,尽情撒野。

一下雪,离过年就又近了一步,大街上的人忽然多起来,一个个行色匆匆,大人们说起过年,都说"唉,太麻烦",但脸上是言不由衷的苦笑,无奈中带着掩饰不住的一点喜气。随着年龄的增长,童年的记忆越来越短,要面对的事情滚雪球般越来越多,很难轻松起来。

下雪的日子也越来越稀少,即使下了,也是漫不经心。

岁末下一场雪,是老天最好的馈赠。

下雪的日子很安静,心境瞬间婉约起来,世界似乎从没有像现在这样美好。积雪盈尺,寒气逼人,室外的诗意愈加烘托内心的温暖。这时候最惬意的事,莫过于在家里支上火锅,最好是那种烧木炭的吱吱冒烟的铜火锅,备好一大盘打着卷的粉嫩羊肉,打电话招呼脑海中闪现的第一张面孔:能饮一杯无?

墙角的竹子白了头,簇拥在一起,偶尔风起,脚步踉跄,哗啦啦,抖落满天的粉末。雪没停,不见明月,有梅花。一树黄花镶上银边,玉树琼枝,香气暂时锁住了,也变成粉末,融化在感觉里。

想起乡下老家雪后的宅院。每年除夕下午,父亲都要带我们回老家上坟,奶奶在的时候,会和我们同去。有几次是下着雪的。乡下的雪总是分外大,也存得久,雪后村庄的小路,涕泗横流。那真是一种天地无边的苍茫,天地肃穆,有大美而不言。走进田野里,脸上都会陡然发紧,心上马上安静下来。奶奶匆匆打开院门,打开堂屋、厢房和街房的门,其实屋里早已空空荡荡,没什么东西,但她还是要挨个儿看看才放心,让里面的空气也出来透透气。找邻居借来扫帚,她在院子里扫出一条小路来,一边扫一边喃喃地说着谁也听不懂的话,对自己说,对空气说,对周遭的熟人说,像是完成一个神圣的仪式,安详而虔诚。我们想要搭把手,她执意不肯,这些活儿非要自己完成。扫把在雪脸上画下一道道波纹,轻轻柔柔,被雪覆盖的粗糙的土地又显露出来,散发出遥远过去生活的气息。我问奶奶,院子都没人住了,为什么还扫?她很郑重地说,这是家,没人住了也是家,老祖宗们要回来过年了,得收拾干净。

这块巴掌大的院子,藏着我永远也无法确知的秘密。十五年前,奶奶走了,带走了所有关于老院子的秘密。七八年前,老院子塌掉了,我再也没有去看过。

没有更声残漏,只有汽车轮胎轧过积雪路面的咔嚓咔嚓声,在雪夜中清晰地传来,冬天的寒冷,坚硬无比。小巷清清冷冷,路灯疏疏落落,咯吱吱,晚归的路人踏雪而来,咚咚咚跺脚的声音像鼓槌一下一下敲在心上。待到一切静下来,又有一种极细碎的声音在耳边围绕,细若发丝,像鱼探出水面呼吸,啤酒的泡沫破裂,蚕啃食桑叶,充其量,和笔尖划过纸面差不多,这是雪花划破夜空,碰撞、飘落的声音。

当然,下雪也不全是浪漫和诗意,有时难免困顿,以及前路漫漫无尽头的迷惘和仓皇。当年应聘找工作,面试前夜,我本来就忐忑,不料几场西北风刮过来,酝酿了几天的大雪劈头盖脸地下起来,心下更加不安,一夜无眠。清晨五点赶火车,雪已停,积雪没过脚踝,寒风凛冽如刀割。真个是"明月照积雪,北风劲且哀"。出校门不见出租车,好在还有公交救急,谁知将到火车站时抛锚,只得连滚带爬跑到车站。平日火车从开封到郑州最多一个小时,那天大雪压坏线路,半道停车多次。待我饥肠辘辘赶到面试地点,已是中午一点多钟。单位领导有悯谅之德,又或许是被我长途跋涉的辛苦打动,管了饭,饭桌上还问我酒量如何。我一时惶恐,只得说"会一点,会一点"应付过去。原来喝酒吃饭不仅是日常生活那么简单,更是中国人情世故公书旁午必不可少的润滑剂,重要得很。可惜我没能遗传父亲的酒量。下午,赶第二场试讲。奔忙劳累使感冒加重以至于嗓子发炎疼痛几乎失声,本想放弃,但想想既来之则安之。一咬牙,就近去了一家肯德基,五块钱一杯的红茶喝完续杯再喝再续,连灌五大杯之后,豪气干云地奔赴考场。傍晚,坐最后一班长途车回学校。车走的高速,喝了一肚子红茶的我被尿憋得死去活来,那一路,难受得呀!

对未知生活的探寻,对寻找和安放自己人生坐标的焦虑和饥不择食,加之少年时蓬勃的生命力使自己无所畏惧。在人生低谷时,"一切会好的"之类的勉励不过是望梅止渴似的精神慰藉罢了。十多年之后,我已由孤独无助的少年,跨入气定神闲的中年,过着比上不足比下有余的生活,陶醉在一时的清风明月物喜己悲之中,不自知,亦不想知。我早已将无所畏惧的自己遗落在那个冬天雪中跋涉的路上。

大雪是天地之间一场善意的合谋,将世间所有的丑陋、罪恶、欲望与秘密统统掩埋,于是,我们的内心得到片刻的净化和安宁。但是,这看似天长地久的大雪,总会在天亮之前安安静静地停下来。

　　开门雪满山的奇景,不敢想。那样一种无边无际的辽阔,还有坦坦荡荡的襟怀,如今只有在想象里才有。不过若在老家,至少拥有一院子的雪,可以尽情挥霍。

　　城市里的雪很大,可惜没有一片是自己的。

留得枯荷听雨声

宿骆氏亭寄怀崔雍崔衮
李商隐
竹坞无尘水槛清,相思迢递隔重城。
秋阴不散霜飞晚,留得枯荷听雨声。

知道李商隐,就是从这首诗开始的。

这首诗初见时,说不上好在哪里,只隐约觉得意境苍凉,背后有无限心事,说不清楚,真是莫名地喜欢。当时我上初中,会写几笔毛笔字,便经常代表学校参加县里的书法比赛。有一次写的便是这两句,大概是从哪本字帖上抄来的。那段时间正痴迷周慧珺,她的行草笔法奇绝,笔画如斩钉截铁,力有千钧。可惜我只得三分形似而已,对于其出入晋唐、仰首阔步的神韵,望尘莫及。在现场写的时候,我刻意将"声"字下边耳朵最后一竖拉得很长,墨迹由浓到淡,由肥变瘦,枯涩相间,笔断而意不止,想把那种剪不断理还乱的情绪传达出来。当时有老师夸我写得好,有想法。正是这一点点妙手偶得的创造,后来得了一等奖。

喜欢这两句诗,还有一个原因,就是家门口的东湖。怀州东湖,李商隐的老家,他当年应该是来过的(其《河内诗之湖中曲》便是明证)。不大不小的一顷池水,一岁一枯荣的田田荷花,使我的记忆与想象有了安放之所。冬至未至,冷雨霏霏无尽时,满池荷花早已凋谢,四散零落在水中,到处是衰败的气息。在湖畔彳亍的诗人,此刻的内心无比苦楚,如同斜插在凄风苦雨中的一柄枯荷,任凭风吹雨打。一句"留得枯荷听雨声",便将这种人类共有的心理体验,这种深入骨髓的孤独感一语道尽。

李商隐的很多诗,看似写雨,实则都在写自己挥之难却的孤独:"何当共剪西窗烛,却话巴山夜雨时"是聚少离多、后会无期的孤独,"滞雨长安夜,残灯独客愁。故乡云水地,归梦不宜秋"是家山万里、关山难越的孤独,"红楼隔雨相望冷,珠箔飘灯独自归"是孤枕难眠、有情人难成眷属的孤独……

秋风秋雨愁煞人。人生困顿时,易生无力感,感怀与思念无药可解,孤独成了噬咬内心的怪兽,缥缈的思绪总要有一个具体的物象来寄托,于是家乡、亲人、故友、情人,乃至于旧日的一个个温暖瞬间,常成为心绪归宿之地。你和我,我和你,此时此地,他乡故乡,虽彼此暌隔,但在这个孤独的瞬间,冥冥之中也会有某种神秘的联系。

其实,说到底,你我有时候不过是,彼此生活中一个个孤独的瞬间。
(博尔赫斯)

你好,2017

"天地长不没,山川无改时。"(陶渊明《形赠影》)

在万物速朽的年代,只有回忆和往事最可靠。此刻,大家都在用短暂的一天,努力怀念即将逝去的漫长的一年。

大多数人恐怕都很难准确记起去年的今日,身在何方,心在何处。终日忙碌的你我,如同流水线上的零件,不能自主又疲于奔命。我们惯常挂在嘴边的都是一个字——忙,放任自己的灵魂出窍,已经忘却了太多生活中鲜活生动的细节,比如每天在学校门口,放学的孩子在人群中一眼找到你时,眼里闪过的骄傲和幸福;比如那天加班,你深夜披星戴月回到家,还没敲门,父母已听见你上楼的脚步声,提前为你打开门;还有烟花三月,带着老人孩子一同踏青赏花归来,你悄悄在熟睡的孩子头上插上的一朵两朵红艳艳的桃花……

这都是金子一般的东西。

我们忘记它们的同时,也早已丢掉了"用月亮割开田野去海洋"(mlln《给郁结的诗》)的童年梦想和诗意人生,剩下的唯有日渐衰老的理想和按部就班的生活。

现在,可能你正因过去的一年心遂所愿收获多多而满心欢喜,也可能因一事无成而情绪低落彷徨无地,也可能你正雄心万丈,精心擘画未来的壮丽蓝图,无论你是否准备好,新的一年就要来了。

今天是2016年的最后一天,也是一个普通的周末。我希望像往常一样,睡个轻松的懒觉,不用操心一早送孩子上学。吃过早饭,打发父母带着孩子在楼下玩,或是出去转转。我则偷闲在家里浇浇花,泡一杯热茶,在书房里坐下来,或是躺在沙发上看一点书,发会儿呆,想一些眼前的东西,或者是遥远的往事。这已经是相当奢侈的享受了。

早起,我和妻带女儿去医院打针。她已连续一周发热咳嗽,原幻想让她吃药抵抗病毒,但经历了连续几天的不眠之夜后,最终还是妥协了。医院内外,完全两个世界。输液室里满是眉头紧皱的父母和或啼哭或昏睡的孩子,父母的心都揪着,大家的心跳此时与孩子的咳嗽和啼哭一个频率,都是一脸的凄惶。这时候,孩子一个不经意的微笑,一个轻松的眼神,远比辞旧迎新重要得多。

新年的快乐也是相对的。

旧历的年底毕竟最像年底,何况今年腊月要迎来两个新年。从医院开车回家的路上,到处是五彩缤纷的灯带,红彤彤的灯笼,行色匆匆又面带喜色的人们,扑面而来的是热腾腾的节日的温度。收音机里正放着刘若英的《我要你好好的》,真是应景得很。

如果要总结一下自己的2016,我肯定也是要归于一事无成者之列的。不过,回头看看熟睡的女儿,她眼角还挂着泪花。一阵暖流刹那从脚底涌上心头,我想,我至少还收获了孩子的成长和快乐吧。

窗台上的花开得正热闹,在金灿灿的阳光下摇头晃脑,交头接耳,憧憬着来年的幸福时光。意外的小惊喜也有,至少早起时,雾霾未如想象中严重。拉开窗帘,让2016年最后的阳光照进来。

在悬而未决的晨光里,一切终会到来。

再见,2016;你好,2017。

消　夜

> 窗外风雨寒
> 冬意阑珊
> 书生难耐五更馋
> 梦里津津思何物
> 两包碗面
> 美味无限
> 吃时容易做不难
> 汤红葱绿无限好
> 天上人间
>
> ——《浪淘沙》

我从上初中开始，晚上就要在学校上自习，母亲心疼我，总是在放学回家之后给我加餐。吃得简单，经常是一碗手擀面，或是方便面。手擀面的做法很普通，西红柿炒到十二分，榨出浓稠的汤汁，拌上现炒的鸡蛋，浇到刚出锅的面条上，红黄白层次分明，色香味口味绝佳；方便面则是原汁原味，最爱吃的仍是家乡产的"豫竹"，清汤寡水，直接下锅，原味儿料包，再撒上点香菜星蒜苗末儿，或者打上个荷包蛋，味道清淡而鲜美。这些饭食在平常实在是太过普通的东西，但到了饥肠辘辘的时候，就成了天下无双的美味。尤其是冷风割面的冬天，寒夜凄清，一路骑车狂奔到家，满头热汗，咣的一声撞开院门，便闻到浓郁的鸡蛋面的香味儿，忍不住咽口水，真真是千金不换的美事！现在想起来，仍是心神荡漾,满口生津。

回忆若有味道,大抵如此。

这也惯坏了我的肠胃,使得多年之后的我馋病难改,一日四餐的概念根深蒂固。

此时,窗外夜深似海,狂风呼啸如惊涛骇浪,初冬的雨雪已蓄势待发。十一点整,我的肠胃又开始蠢蠢欲动,几个小时前的晚饭早已作古,腹中有火在烧,额头冒汗,脑子里只有一个字——饿。

撂下书本,直奔厨房。放锅,倒水,打开煤气,扒拉出两包方便面。吹着口哨,撕开袋子,剥葱一般小心翼翼地把雪白的面块拿出来,丢进水里,嗤的一声,它们在水里扭摆了几下,挣扎一番,吐着水泡就沉下去了。幽蓝幽蓝的小火苗贪婪地舔着锅底,不一会儿,水咕嘟咕嘟地唱起来。丢几片青菜叶子,把调料均匀地撒进锅里,用勺子细细搅拌,一股浓郁的香气腾地一下就升起来,灌满鼻孔,直捣肺腑。我感觉肠胃又蠕动了几下,艰难地咽了下口水。五分钟过后,火候已到,掀开锅盖,拿一个鸡蛋在锅沿上一磕,完整地打进去,随即便将香喷喷的面盛进碗里。为使得这顿消夜更完美,又从菜篮子里掂出一棵蒜苗,剥皮、冲洗,噌噌噌切作几段,放进碗里,大功告成。

碗里头荷包蛋龇牙窃笑,流出黄色的蛋黄;面条根根如粉玉,光滑有弹性;热汤红彤彤泛着油花;蒜苗绿油油,新鲜醒胃。如此美味,此时不吃更待何时。于是狼吞虎咽,一扫而光,用毕大汗淋漓,全身通泰,打个响嗝,Great! 得劲!

夜宵者,消夜也,享用美味的夜宵,顺带也把凄清的夜晚一道吃掉,亦快事也!

面虽方便,也要分场合,在家煞有介事地吃,和在火车上将就凑合地吃是不一样的,前者常有记忆的温情可供回味,后者恐怕只剩下避之不及的防腐剂味儿了。

怀念冬天

一冬无雪,实在恼人。

我讨厌这样的冬天。

在这个"奇"以为常的时代,经验主义者的判断陆续失效,如今四季更迭,变化已不太大,且不说"冬雷震震夏雨雪"已成现实,就连地处沙漠地带的埃及、美国度假胜地夏威夷竟也迎来百年一遇的降雪,如此看来,什么事情都有可能发生。

跌进 12 月,雾霾天天有,铺天盖地,无处遁逃。到处是阴郁的天空、干燥的空气、呛人的灰霾,冷几天,又骤然回暖,就这样不冷不热、忽冷忽热地折磨你,这哪是冬天。

家乡的小县城,在豫北太行山脚下,从县城到山下直线距离不过三四十公里。每年秋高气爽的时节,出门抬头往北,可看见黛青色的远山;秋深天寒之后,便只有隐约的剪影;再到后来,隆冬岁末,云层渐厚,雨雪渐多,山峰便被青灰色的天幕遮盖了,再也寻不着。春节前后,天长日暖,碧蓝天空下,绵延的山峦又重新浮现,有时甚至可以清晰地看到山体粗粝的褶皱,在阳光下熠熠闪光。

那时候的冬天,出奇的冷,是那种厚冰块般结结实实的冷,是那种雪花般有棱有角的冷。送不走的是肆虐的西北风,风利似剪,触面如割。那时候我睡楼上,躺在床上想看会儿书是很奢侈的事,翻不了几页,手指头都僵硬了。只能乖乖钻进被窝里,闭上眼睛,听着大风在胡同小巷里横冲直撞,窗户被震得嗡嗡发颤。被子得盖两层,还要把棉衣服夹在被子中间,像厚厚的麦秸垛压在身上,很重,但暖和,有安全感。

在呼啸的西北风里,我如一只小船,漂浮在暴风雨的大海上,迷迷糊糊进入梦里。每晚睡觉前杯子里喝剩下的开水,第二天早上都会结一层薄薄的冰花。

东湖这时候开始抽水挖藕。人们穿上皮衣裤,口里呵着白气,跳进齐腰深的淤泥里,像变魔术般从浑浊的泥泞中摸出一根根洁白的莲藕,岸上有人接过来,一根根码得齐齐整整,拉到集市上去卖。这些儿时的场景,如今哪里还有?

寒冷的冬夜,月光分外皎洁。直愣愣的月光毫无遮拦地射下来,灌满院子,然后溢出来,在胡同里四处流淌。家里的猫出来活动了,我听见她簌簌的脚步声,还有脖子上的小铃铛轻盈的撞击声,像小雨般淅淅沥沥,渐渐远去,直到听见寂静深处传来几声嘶哑的叫声。我知道,她是去寻找爱情。

偶尔会有大雾,极少见,浓得如棉花糖,化不开,拨不散。早上骑车上学,只能凭着感觉慢慢摸索,但闻车铃丁零零地响,寂寥无人,有种神秘的快感。隔三岔五就下雪,年前年后,总会有几场大大小小的雪。大人们虽然嘴上埋怨"一下雪,东西都贵了",但心里还是很欢喜的。毕竟有了雪,才更像过年。小时候,父母骑车载我和哥哥回老家过年。大雪没膝,寒风刺骨。父亲和母亲骑一段推一段,沿着汽车轧过的深沟慢慢走,公路上到处是骑车跌倒前仰后翻的行人。我和哥坐在横梁上,大衣围巾全副武装,只露出眼睛,仍抵不住如刀割针扎的寒冷。不一会儿屁股以下麻木毫无知觉,走一段就得下来跺跺脚,搓搓手,揉揉脸。走走停停,不到三十里的路程,往往得走上两个多小时。我们冷得战战兢兢,父亲和母亲却头顶冒着热气,大汗淋漓,气喘吁吁。这都算不了什么,过年的喜悦压过了寒冷和辛苦。如今生活好了,出门坐车,进屋暖气,冬天不再是从前的冬天,变得暧昧,不纯粹。我们营造了舒适的生活,失去了曾经真切的自然。

小区楼下有梅花一株,老树虬枝,于杂草中旁逸斜出,面露峥嵘。

刚进十二月,花就开了,缀满枝丫,淡黄,素朴,沉着,满院清香。花开月余,面目不改。寒夜凄清,暗香浮动,终夜不绝如缕,带来仅有的冬的讯息。

　　我怀念冬天。

断　章

一

今年的秋雨不寻常。

中秋前后开始下雨,淅淅沥沥,连续多日,未曾稍歇。这不紧不慢的雨水就像京戏的拖腔,细密、绵长,忽高忽低,忽深忽浅,绵延不绝。听着听着感觉气息将尽,忽又换气,颤音抖音混作,陡然翻转,小雨变作中雨,旷日持久,竟至半月不绝。

这雨真下透了。

下雨的秋日,天色灰暗,不辨早晚,像是冬天的预演,不对,一只脚已经提前迈入了冬天。挥之不去的水汽背后寒气袭人,街上的人们行色匆匆,躲在伞下、藏在车里、坐在窗前,默默地把自己包裹起来,看不清彼此的表情。不知不觉,天色就暗了,又是一个轮回。

二

这样的日子,适合坐在书房。在窗前,在台灯下,泡一杯热茶,不须读书,就这样静静地坐着,看袅袅的热气在灯光下氤氲、聚集,再散去,听窗外窸窸窣窣的雨声、看门老头的咳嗽声、车轮摩擦地面的喷喷声。这样的天气大可打开窗户,不用担心灰尘,放凉润的空气进来吧,给灼热的心脏降降温。想想今天干了什么和什么还没有干,想想等红灯时从身边飘过的红衣女子,想想去年的今日我在哪里,想想对某人许下的尚未兑现的承诺,想想名利之外的东西,想想过去和将来。

很快,心里平静下来,浸入久违的沉静与安详,这时便有另一个自己与我对话。

累吗?

累。

今天干了什么?

不知道。

不想说?

是的。

为什么?

不知道。

明天要干什么?

很多事情。

不想说?

是的。

为什么?

不知道。

…………

白天是另外一个自己。忙了一天,下班时,我快速地站起身,咣当一声关上门,逃离了他。

三

夜静心深,许多事情源源不断涌上来,一个个碎片,一截截光影背后都是一段段逝去的光阴,曾经的我,在眼前晃动。多年以前,我不知道自己会是现在这个样子;现在,我却知道自己多年以后的样子。生活已经走上了预先设定的轨道,只需要重复再重复。不是未卜先知,而是看穿了未来。生活是一个虚构的故事,但结局早已注定。

早先憧憬和理想的神圣感早已被琐碎无聊的日常生活击碎。

这是我想要的生活吗?已知的生活还有多少未知的惊喜?还有多少光阴可以虚度?

四

下午我去学校宿舍拿东西。屋子已经一个假期没去过,潮湿发霉的味道弥漫整个房间。忽然发现,窗外老梧桐树的枝叶竟然悄悄从一指宽的窗户缝隙探进头来,小心翼翼,像个偷听大人说话的孩子。窗台上的两只花盆里,原先种的是吊兰和玻璃翠,上学期死掉了,便一直搁在那里,现在长满了不知名的小草,摇头晃脑开着浅蓝色的小花。

真有意思,才几天的光景,它们竟然反客为主了,把这了无生气的空间装点得俏皮可爱。它们对自然从不苛求,于无声处带给你小惊喜。

五

老家的东湖,这时候一定是满池的涟漪,枯荷残梗,静默无语,雨打湖面,簌簌有声。高中时的寒假,天寒地冻,冷雨涔涔,我在湖边闲走,看一群群麻雀在枯枝败叶中觅食,熙熙攘攘,旋起旋落,心生怜悯,遂诹出一句:"可怜最是湖中鸟,依旧声声唤春归。"一语既出,胸多感慨,俨然行吟诗人矣。

一晃十几年过去了,东湖清波荡漾,荷花依旧,一岁一枯荣;鸟雀各自飞,一年一聚首。

湖畔行吟的少年安在?

六

雨声里,我是醒着的。

在高楼林立车马喧阗的城市里,听不到真正的雨声。在脚不沾地头不接天的空间里,感受不到真正的雨。

小时候,雨天,我喜欢坐在院门口,看着漫天的雨水落下来,汩汩冒着泡,汇成小溪,咕嘟咕嘟唱着歌流进远处的池塘里。喜欢坐在窗前,看雨水啪啪啪敲打棕树的叶子,像老师用戒尺敲打不听话的孩子,棕树忙不迭地低头认错,一副慌乱无辜的样子。喜欢站在楼上,看巷子里来来往往的行人,看远处河堤袅袅的炊烟,看雨帘里四散穿飞的鸟雀。喜欢那种弥漫在空气里的新鲜泥土的味道,略带鸡蛋腥的雨水的味道,还有似远还近的池塘的味道。

少年听雨歌楼上,红烛昏罗帐。壮年听雨客舟中,江阔云低,断雁叫西风。

而今听雨僧庐下,鬓已星星也。悲欢离合总无情,一任阶前点滴到天明。(蒋捷《虞美人·听雨》)

一直喜欢这首词,以前是年少不识愁滋味,附庸风雅的喜欢,现在则是心有戚戚焉。

听雨,还是得在老家,在旧宅老院子里,窗前屋檐下,闭目静思,就在这一声紧、一声慢的雨声里,时光渐杳心渐老。

夜　　语

毫无悬念的,夜已深。街上偶有汽车驶过,带着呼啸的风声。窗外的路灯亮如白昼,把对面高楼的投影打在厚厚的窗帘上,张牙舞爪。城市的夜晚,连纯粹的黑暗都难以寻觅。

我翻来覆去,始终找不到舒服的姿势。猝不及防的孤寂和幻灭感再次袭来,我像一只贝壳,在大海里随波逐流。

心里出奇的平静,思绪如一支响箭,穿破了记忆的窗户纸,哗啦一下,无数道光影闪现,我一下子想起很多事,很多人,很多过往,还有很多曾经的夜晚。

老家的小庭院,是那种北方城市最常见的两层砖瓦楼房,整洁、朴素、静谧。没有暖气,没有近在咫尺的卫生间,没有网络,却仍是最惬意的所在。

冬天,夜里上厕所都要穿上棉袄,冷呵呵地搓着手脚,披星戴月从楼上下来。寒夜凄清,四下寂寥,巷子里的路灯也低头酣睡。偶有零星的狗吠,孩子睡梦里的哭闹,还有猫咪凄厉嘶哑的叫声,此起彼伏,呼朋引伴,寻找爱情。

下雪的日子是无与伦比的。纷纷扬扬的大雪,洒落一地的碎琼乱玉。在城市里,人远离了大地,远离了天空,夏天有空调,冬天有暖气,选择了舒适的生活,只能被自然抛弃。住在鸽子笼里,你无法体会雪花轻吻脸颊的快感。下雪的夜晚,除了自己的呼吸,还能听到雪花划破夜空,悠然飘落的声音。

一年到头,我只有在老家睡得最安稳,最沉着,最享受。

老家的小楼从前是老式的砖瓦房,屋顶是架空的,仰头就看到粗粝的檩条和椽木。因常常落灰,且冬天不聚暖,后来父亲就找人打上架子,蓬上彩纸,类似简易的吊顶。这倒给老鼠提供了一个安全的栖息地,它们在夜深人静时出来叽叽喳喳地聊天,在我头顶上咚咚咚地赛跑。有时我晚上被吵得失眠,就随手拿起书本,或是一两节电池,狠狠地扔上去。不多久,篷子就变成了千疮百孔的大花脸,而老鼠们的例会还是每晚照开的。

巷子里夜深似海,晚归的人骑车走过,轧得水泥板路咕咚咕咚地响,由远至近,又由近到远,像微风拂过水面。没有汽车轰鸣,没有人声嘈杂,没有刺眼的霓虹灯,这才是真正的夜。

高中晚上要上自习,骑车回家,一般都在十点左右。记忆最深的仍是冬天的夜晚,朗月悬空,清澈的月光倾泻而下,在路上画出一条亮晃晃的小河,指引着我回家。柴门犹未闭,归来月满身。推着车子,满头热汗回到家,咣当一声撞开院门,便闻到母亲做的鸡蛋手擀面的香味儿,现在想来依然是天下无双的美味。夜,也是有味道的。

起风了,我听见院子里棕树叶簌簌的摇曳声,如细雨洒落,如行人低语、轻柔、熨帖,仿佛小时候母亲在我入睡前,轻抚我的后背。这时候常可听到楼下母亲轻轻的咳嗽声。每天晚上她等我下自习,给我做夜宵,清晨又早早起来在院子里叫我起床,母亲的夜晚是最短的,她把梦留给了我。

夜,是时光的碎片,无处不在,它潜伏在屋顶的瓦片上,缠绕在河边的柳树上,蹑手蹑脚地靠近你,藏在你的梦里。那时候的梦是纯净的,斑斓的,安详的,没有如影随形的不安和惊慌。在梦里,任凭江湖险恶,山崩地坼,依然可以聆听自己内心的声音。

我记不清有多少个夜晚,站在阳台上仰望星空,想象着多年以后的自己。如今,每次回家,我都会在楼上伫立,努力回忆多年以前那个头角峥嵘的少年。清风拂过脸庞,和从前的夜晚一样。我听见时光之河在脚下奔流不息,带走了欢喜的童年和孱弱的青春,在心里留下一道道触目惊心的印痕。

"那时我们有梦,关于文学,关于爱情,关于穿越世界的旅行。如今我们深夜饮酒,杯子碰到一起,都是梦破碎的声音。"(北岛《白日梦》)

只有夜晚,自己才最像自己。

昙　花

早起给阳台上的花草浇水,发现昙花出花骨朵了,一片老叶子边缘吐出三颗嫩嫩的花芽,圆锥形,米粒大小。心中不禁一喜,夏深日长,马上又到昙花开放的季节。

我是粗人,也不勤快,平日喜欢莳弄花花草草,但都是吊兰、绿萝、芦荟、玻璃翠、水竹之类只长叶子不开花的植物,好伺候,浇点水便万事大吉。这棵昙花是2013年国庆节假期,我和妻从廊坊好友刘君家捎回来的。刘君夫妇爱养花,善养花,家里到处是花草,生机盎然,俨然花房。那时我头一次见昙花,叶状侧扁,长可盈尺,旁逸斜出,貌不惊人,甚至有些呆头呆脑。好友说自家的昙花很出名,有一年竟开了十几朵之多,惊动了当地电视台。因没见过昙花开,我也想一睹为快,听说好养,不需额外费心打理,便要了一盆,不远千里带回来。

昙花种在简单的一个瓦盆里,搁在阳台西南角,叶茎生长极快,初时似箭杆笔直瘦削,长至一尺左右,叶片锥形初露,成熟的叶片阔大、颀长、柔软,每片叶子又分出支叶,耷拉下来。要想它规整耐看,需搭架子绑好固定。我嫌麻烦,懒得管,让它靠着栏杆,有个支点依靠便好,任凭它风吹日晒,蓬头垢面。看盆土干了,便浇些水,肥料基本没上过。其实,我对它开花不太抱希望,虽然远来是客,但还得入乡随俗,太娇气的花我不喜欢。

昙花很争气,两年后,它真的开花了。2015年6月间,时值盛夏,昙花长出两三个花苞,我发现时已有花生米大小,心下暗喜。但它生长极慢,一个多月后渐渐长至一两寸,薄薄的叶片被沉甸甸的花苞拽着,几乎贴着地面。9月初,花苞已很饱满,蜿蜒袅娜,含苞欲放,乍看随时都可能绽开,但就是迟迟不开。我每晚临睡前都要看看,等得有些不耐烦。直到9月中旬的一个夜晚,十点多,我起身关窗户,低头一看,呀!昙花开了!而且是两朵!我又惊又喜,叫妻一起来看。花朵呈喇叭状,大如斗,雪白,花蕊略黄,细长,晶莹剔透,如粉妆玉砌,黑暗中若有白光闪现,真有清丽脱俗的仙气,果真是月下美人。我和妻在一旁静静看,生怕惊扰了它。

早上起来再看,花朵已合拢,耗尽了气力,绵软无力,垂下头来。酝酿了几个月的开放,只持续了短短几个小时。昙花之美可谓绚烂之极,然而美到极致便是香消玉殒,昙花一现,果然不假。

此后,昙花每年只开一朵。

后来我曾在美国洛杉矶见过昙花。那是8月,天干少雨,夜晚清凉,美洲本为昙花的故乡,气候适宜,又有智能喷淋系统,房前昙花长得极好。一株一株连成一片,花苞多且密集,每到晚上,竞相开放,如接力般此起彼伏,一连开了六七天,热闹非凡,真是目不暇接,令人难忘。

昙花有贵族气,却没架子,不养尊处优,随遇而安,适应力极强,虽粗头乱服,难掩国色。古人说弄花一岁,看花十日。昙花则不然,美则美矣,却选择在夜阑人静时独自开放,寂寞、低调、自然。

这株昙花长得实在太高太密,原先的瓦盆已经很局促,去年春天,我用家里最大的一尺多高的大花盆,为它搬了新家。又折了两支叶子,插在闲置的小盆里,不到一个月,便生根冒尖,如今也青绿可人,长得肥肥大大了。

刘君夫妇自打送给我一盆昙花,自家的昙花却一连几年不开了。每年见我在手机上晒照片,眼馋,开玩笑说:"昙花有灵,被你们带走了,早知道不送了。"我说:"你们该高兴啊,昙花还得送给有缘人。"

昙花开落,只几个小时的光景,可也是一年才一回。写昙花的古诗文似乎不多,昙花与佛家机缘甚深,又名韦陀花,《法华经》说:"佛告舍利弗,如是妙法,诸佛如来时乃说之,如优昙钵花,时一现耳。"昙花一现总有些伤感,易让人联想人生苦短,逝者如斯,故而历来咏昙花者,多类佛家偈颂,鲜有名篇。偶有佳句,如"物须见少方为贵,优昙花好不轻开"(袁枚《箴作诗者》),也只是提醒学诗者多下苦功夫,才能作出好诗。真正以昙花为咏叹对象、描摹入境、得其神采的不多。

我以为,昙花最好还是开在诗里,这样一来,便不会凋谢。

机关用尽不如君

小儿垂钓

胡令能

蓬头稚子学垂纶,侧坐莓苔草映身。
路人借问遥招手,怕得鱼惊不应人。

牧童诗

黄庭坚

骑牛远远过前村,短笛横吹隔陇闻。
多少长安名利客,机关用尽不如君。

  池塘边,一个小孩子正学大人钓鱼。他煞有介事地隐身草丛中,目不转睛,屏住呼吸,握鱼竿的手心都出了汗。这时有路人经过向他远远招手问路,小家伙涨红了脸,急忙示意先不要出声,鱼儿就要上钩了!活灵活现,让人不禁莞尔。

  写儿童若要传神,得有一颗童心,知道孩子是如何想,如何看待周遭的世界的。这是好诗给我们的想象空间,如中国书法绘画中的留白,亦是有意义的组成,唤醒你我沉睡的记忆,看见曾经的自己。寥寥二十几个字,瞬间的情景已呈现,更深刻的情境留给我们去想象,去描摹,去填补。这一切的心理基础,则是大家各自五彩斑斓的童年经验。

  前几天带女儿在海边度假。天色已晚,大海昏黑一片,只闻波涛汹涌,难辨其形。两岁的女儿突然指着海边大喊:"大海关灯了!大海下班了!"把我们都逗乐了,惹得路人也大笑,纷纷说她可爱。两岁的孩子能知道什么呢?每天爷爷奶奶带着她在家里,醒来我们已上班,睡了我们才回来,于是,爸爸妈妈在她眼里永远都是"上班了"。真悲哀,儿童的世界和成人的世界,总是处于尴尬的疏离状态。我们是一家人,我们真真切切生活在一起,可是我们又不在一起。

她的世界我们不懂,我们的世界,我希望她晚一点再懂。

人生识字忧患始。懂得越多,欲望越多,欲望无法实现,痛苦自然也越多。小时候,我们不知天高地厚,更不懂人心险恶。告别童年,不可避免地逐渐陷入人生的漩涡和欲望的渊薮而难以自拔。山色秀美的田野里,一个牧童骑牛远远经过,横吹短笛,其声悠扬,隔着长长的田陇也听得分明。哎!多少求取功名利禄的人,机关算尽,到头来都不如你啊!这种一瞬间的虚无感,你敢说你没有?

"多少长安名利客,机关用尽不如君",是曾经沧海的感喟,也是对经纶世务者的当头棒喝,可真正看透的不多,即使看透了,也放不下。

孩子的世界多么神奇!可惜,它已经离我们远去,谁也不能把童年再过一遍,不是吗?

同 学 会

2017年的第一个周末,冷雨潇潇,天地肃然。

城铁真是快,几百公里的两个城市,原先朝发夕至,如今可以随到随走,一天几度折返都不是问题,更不要说郑州和开封。

我很从容地买票上车,挑一个靠窗的位子坐下来。说不清是雨是雾还是霾,天地皆白,四野苍茫,树木、楼房、公路、汽车,与我只匆匆对视一眼,很快闪过。车厢里人不少,多半是刚放假的学生,三三两两结伴回家,青春稚嫩的脸庞透着掩饰不住的喜悦,若干年前,我也是如此。我比他们早几趟坐上时光的火车,光阴飞逝,只留下一些流年碎影,物换星移浑不觉,心里陡然多了几分郑重其事的沧桑感。

更何况,一晃大学毕业已16年!

想起大学毕业前夕,自己骑着车子,顶着烈日,一气狂奔三十里,去郑州北郊一个不知名的厂区投简历。想起研究生毕业时,一大早,天光未亮,自己独自踩着没膝的积雪,深一脚浅一脚,赶火车去郑州面试。想起留校工作后,陪妻去天津赶考,我替她背着琴挤硬座,天寒地冻,坐一夜火车……那时的我,人生尚是未知,机会就是可能,哪里顾得上许多。现在想来,都有一种令人肃然起敬的力量在,心里仍有火在烧。

那是青春的力量,冲动,盲目,无畏,纯粹和执着。

前几天,在郑州的几个大学同学提议小聚,我响应号召,兴冲冲地来了。

今天来的人不算多,大人孩子凑成一桌,没来的在朋友圈里起哄,吵着发红包传照片。彼此多年未见,但在眼里仍然是上学时的样子,没太大变化,大家一起照相合影,劝酒聊天。几杯酒下肚,兄弟姐妹们开始忆苦思甜。从1997年入校算起,到今年恰好20年。大学生活是人生最可宝贵的时光,但我们这拨同学却经历了旁人难以体会的压抑和心酸。那时候,我们始终笼罩在一种巨大而荒凉的孤独和幻灭感中,大学生活应该是梦想的嘉年华,而我们的不是。我们付出了和同龄人一样甚至更多的努力,却因几分之差,只能上专科。当时学校仅有两个专科班,入校便低人一等。梁实秋曾把一茬茬上学的孩子比作馒头铺里的一屉屉馒头,如此说来,我们算是成色最差的一屉了。入学不久,有门路的陆续转学,心不甘的则回家复读,最后班上留下47个人。

同窗共砚三年,故事还是很多的。许多当年的苦日子,现在都成了令人回味无穷的暖心事。学校宿舍不够,头一年,我们被安置在家属区的招待所里,刚开始很难接受,仿佛编外人员。后来发现好处,比如不用遵守十点锁门十一点熄灯的规定,可以大摇大摆地出去看电影。男女生宿舍挨着,可以自由串联,来个男女同学,也方便安置住宿。男生可以常去女生宿舍蹭饭,改善生活。宿舍门口就是招待所的电话,很快成了我们的情感专线……我们这帮放养的学生,俨然过着世外桃源的生活。

在中国,出身论永远存在,工作看关系,升学看学历,婚嫁也讲究门当户对,凡事不论学识能力,先看亲疏远近。这个社会,你不能拼爹就得拼命。二十世纪九十年代末,大学并轨扩招,就业压力已相当大,本科生尚且前路彷徨,何况我们。大家唯有知耻而后勇,或埋头苦学,参加自考;或外出代课,锻炼能力;或尝试创业,牛刀小试,在时代的洪流中,为改变命运奋力一搏。班上同学能力出众,在系里也出类拔萃,学生会主席、学生部长、宣传部长都在我们班。后来的事实也证明,我们班同学是很优秀的,超过同届本科生,有知名记者和时事评论员、国有银行行长、单位领导、地方官员、大学老师、风生水起的创业者、知名企业主管……各行各业,精英荟萃。当然,衡量人生的成功与否,不能只看一时一地的地位、金钱、名誉,更重要的还是安放好自己的灵魂,还有内心真实存在的幸福感。

小学、初中同学中几十年后仍保持联系且互知下落的凤毛麟角,高中稍好,真正意气相投可能有更多交集的是大学同学。2000年毕业后,大家风流云散,星散各地,互通音讯的愈来愈少。中间大家聚过几次,参加的人由多到少,再难凑齐。后来班长建了微信群,大家才又慢慢重新聚拢,但还是有几个同学没了消息。今天来的同学都定居郑州,工作稳定,家庭幸福。彼此面目无改,成熟沧桑隐于眉目间。当年同学,今日同城,即使同处一城一地,也因各自奔忙,无暇一聚。见个面,吃个饭,看似简单,实则不易。笃于故旧,厚于同窗,奈何人生殊途,因彼此的工作生活无交集,想在固有的生活轨辙之外挤出一点时间,也是不容易的,不是无心,是无力。精力被紧张的生活耗尽,体面的工作背后意味着艰辛的付出,容不得懈怠,得不着喘息,被岁月的洪流裹挟、吞噬,无力抗拒,这是生活的现实,人生之常态。

人生的第一步很重要,大学绝对是人生的转捩点。如果当初大家都是本科生,可能也就是无数屉馒头中的一屉,稳稳当当入锅出锅了事。既然起点低了,那就努力爬上来,往往心高气傲到自暴自弃,低首下心到出人头地,差别就那么一小步,中途实在累了,放弃了的,也有人在,但不能说他们就是失败者。走到今天的只能说是抓住了机会的尾巴,回头看看,也有劫后余生的侥幸。

同学圈子也似一潭水,日常风平浪静,偶尔投进去一颗石子,便会荡起几圈涟漪,激荡起我们内心的波澜。人到中年,大家不再像从前聚会那样歇斯底里,互诉衷肠,多了沉稳与感慨,感慨时间过得太快,孩子长得太快,大家老得太快。同学聚会,是现代生活的怀旧形式,是对青春逝去的切骨之痛,对无法改变的现实的一种集体抗拒。当然,生活永远都是自己的,但是很多时候,我们不妨暂时放下手中的工作,从年复一年日复一日的"忙"中解脱出来,从同窗故友的表情和话语中获得慰藉和温暖,获得重新起航的信心和力量。

再见,2017

又到一年的末尾,总该写点什么。

岁末的感觉,越来越不明显,确切地说,是感觉愈发迟钝。日复一日,重复着和昨天、和前天、和上个月、和去年一样的生活,凭着惯性在生活的轨道上滑动。如同开车,长途跋涉,习惯了开着导航,连看路标的劲儿都懒得费了。于是,空旷漫长的道路只剩下一道没有尽头的白线,时间久了人便昏昏欲睡,随之而来的便是潜伏在未知之处的危险,司空见惯的东西往往不可靠。

今年的冬天,反倒没有往年常见的冻云密布、雾霾蔽日的压抑感,一整块的蓝天,被擦拭得干净、透明,还有浅笑盈盈的暖阳,这真是少见的明媚的冬天,尤其在北方。冬天一反常态的温文尔雅,连呼啸的西北风也似乎温顺起来。过去,冬天的风很硬,很干,还很尖,一个冬天下来,都会毫不留情地在我的脸上和手上留下几道划痕。现在的风不过是从前的风尾巴,一到城市里就迷了路,又被鳞次栉比的高楼大厦磨平了棱角,这里不比乡下,有成片的大树,可以藏身,更不像空旷的田野,可以撒欢儿。于是,在月色凄迷的深夜,它在窗外虚张声势,暗暗低吼几声,就落荒而逃了。

岁末的消息,是楼下的梅花告诉我的。

在这个小区已经住了九年。刚搬来时是盛夏,只见单元门口长着一株大树,高丈许,枝干呈辐射状,把方圆五六米的空间都揽入怀中,虬枝屈曲,青翠欲滴,看来肯定有些年头了。问了几个邻居,都叫不上名目。第一年冬天,奇冷,接连几天,大雪盈尺。一日傍晚,我下班回来,刚进小区,便闻到一股淡淡的香味,没走几步,香味渐浓,有微微的甜,清冽的夜色中,尤其清朗爽洁。我以为是门口美容店的味道,但又不像,这香味没有化妆品的俗气,这是花香。走到单元门口,香气愈发浓郁,从口鼻滑入,带着凉意,似乎能触摸到,如一片片雪花落在脸上、脖子里,带来针尖大小的冰凉。清凉的香气直抵肺腑,充满身体,神骨俱清,整个人也轻松起来。我循着这香气寻找源头,这才发现正是楼下这株花树。走近一看,枝头上缀满米粒大小淡黄色的花骨朵,有的已经开放,暗香浮动,袅袅婷婷,早把这片空间熏染得无以复加,原来这就是梅花!寒夜雪冷梅花香,真没想到,在喧嚣的城市里,竟还有如此雅致的风景。

此后,每到岁末隆冬,梅花开放,一年也将尽了。

过去的这一年,也做了一点事情。我和妻合力终于把新房装修好,预备明年开春搬进去。装修是一场战斗,而且是持久战,断断续续持续了一年多,对体力和精神是双重的考验。我们原先所有美好的设计和愿景,都在与开发商、装修公司、装修工人、建材商贩的斗智斗勇中,逐一退而求其次,直至舍弃。开弓没有回头箭,我俩被折磨得筋疲力尽,到后来,只求快点结束。我们只想平静地生活,因为时间和精力是最宝贵的。和那些只认钱、为了钱不择手段不顾廉耻的人,沟通不了,也耗不起。不过也得感谢他们,和他们打交道教会了我们提高警惕,不能轻信拍胸脯的承诺,不能没原则地心慈手软,不能一味地和风细雨。

一年多来,见多了形形色色的小人、恶人和坏人,生不完的闲气,慢慢学会了坦然处之,自己说服自己,看开些,不往心里去。比如楼上的一家三口,入冬以来,每天晚上八点前后,他家的胖儿子准时开始跳绳,蹦得楼板震天响,对女儿写作业影响很大。我们交涉过多次,每次安静两天便卷土重来,还振振有词:幼儿园布置的作业。是啊,多么正当的理由,于是便可以肆无忌惮地践踏别人的生活。前几天,女儿感冒不舒服,想早些睡,又被楼上的噪音搅扰,我们再次登门。男主人一脸的无赖:"有本事你们买到我们楼上去!"妻冷笑着回敬:"有本事你们住别墅去,随便跳!再不讲道理,我们打110。"果然,清静了。

这个世界就是这样,坏人从不认为自己是坏人,坏人永远不会变好。他们有自己的生存逻辑和卑劣手段,眼神永远向上,有钱的只认识更有钱的,当官的只认识官儿更大的,此类人眼里没有别人,自己怎么过着舒服怎么来。尽管这些都不是什么生死荣辱的大事,但生活中这些鸡毛蒜皮磕磕碰碰的小事足让你烦不胜烦,若计较起来,会让你血压升高,恨得牙痒,怎么办,你又不能打他一顿。哲学上讲,万事皆在变,可惜,唯一不变的东西就是这种人。

一年来,囫囵吞枣读了一些内容,清人日记、舆地游记、晚明小品、旅行理论、《民报》《甲寅》、李商隐、苏轼、黄庭坚、王铎、汪曾祺、梁实秋、董桥、刘亮程、马骅、余秀华,拉拉杂杂写了几万字的论文、散文和非驴非马的半成品。自从有了俩孩子,写字已成奢望,玩具耍货尚且搁不下,哪还有地方铺展宣纸呢。不过,勉强算得上没有虚度光阴。在忙碌的生活工作之余,哪怕是一点碎片化的时间也都被手机占据了,得空总想刷刷朋友圈,手机已进化为人类身体上的一个重要器官,WIFI已经与空气和水一样重要了。因此,读书写作实在不是容易的事。有限的阅读,只是带我偶尔穿越尘封的记忆,找回一点似曾相识的少年时读书习字的快乐,如凄清寒夜里,放学回家的路上,闻到勾人魂魄的糖炒栗子的香味儿。然而,内心总在无可挽回地崩塌,一片虚空,读书并没有增加多少生活的意义和存在感,反而越发感到无知的恐惧,如一豆灯光,只是撕开了黑夜的一道口子。

孩子的成长,像一节节拔高的竹子,去年的衣服鞋子,转眼都小了。我最大的苦劳,是每日清晨六点左右准时醒来,打开灯,似睡非睡中等着叫女儿起床。然后开车接送她上学放学,晚上辅导作业。我还有一点进步就是,在辅导她写作业时,学会了克制情绪,不再对她发火。我尽量学着用孩子的思维靠近她,我意识到忍不住发火吼她的时候,不过是在宣泄自己内心某种不愉快的情绪,这对她很不公平。孩子一整天在学校上课也很辛苦,有时候回来的路上她都会睡着,当我看到她委屈无辜的表情和眼睛里噙着的泪花,心里就有一种针扎的刺痛,像刚犯了严重的罪行。我也在成长。

一天傍晚,等女儿写完作业,我带她从单位走路回家。风有些大,很冷。我想替她拿书包,她很坚决地拒绝了,一定要自己拉着书包。一路磕磕绊绊,遇到台阶,自己吃力地拎起来再放下,不让我帮忙。我心里像触电一样麻了一下,她真的长大了。在路上,她给我讲在学校值日,每天中午要给大家盛饭,维持秩序,自己最后一个吃,还没吃几口,就得准备收拾碗筷,送到厨房,自己都吃不饱。我问她怎么不和队友一起做,她说他们不听她的。我说她是小队长,得找到解决的办法。她点点头,若有所思。三公里的路,走得出奇地轻松。我平常开车接送她,都是一路狂奔,路上说得最多的就是下课多喝水,多喝水,难得像这样随意地走路说话。生活啊,慢一点就不一样。快到家了,她忽然对我说:"爸爸,下次语文课再写作文,我想写一写我们走路回家的事。"

父母的苍老,总被我们忽略。他们已经习惯了招之即来挥之即去的生活。父亲对街坊邻居开玩笑说,他和母亲给我们带孩子就好比判了三年徒刑,幼儿园之前寸步不离,好容易上了学,暂时缓刑释放,谁知又添了老二,又被重新收监。再好的生活环境也无法让他们感到彻底的放松和自由。母亲的身体和记忆力大不如前,行动开始有些迟缓,做饭时,切好的葱姜,总忘了放。有一次,母亲自己骑车去买药,竟然迷路回不了家,幸亏带着手机,最后我们还算顺利地找到她,虚惊一场。近期天冷,老家的老邻居、老朋友、老亲戚一个个生病住院,手术,卧床,他俩也逐渐焦虑不安,没来由地发脾气,天寒地冻,非要回去透透气,年末了,老家似乎总有很多事情等着他们回去处理。心到那儿了,谁也拦不住。

我开车送他们回去,县城郊外,熟悉的公路两旁,梧桐树五彩斑斓,地上的枝枝叶叶铺了一层织锦,绚烂到极致就成了一幅燃烧的油彩画。汽车开过去,噼噼啪啪,像极了小时候过年在老家放炮,似乎又闻到了熟悉的火药的甜香,这是岁月的味道。

好好爱他们吧,他们每一天都在变老。

漫天的大雪是白色的,开在雪里的梅花是黄色的,梅花的心是红色的,看花的人还是我。去年的此时,似乎是今夜的重现,月光摇曳,抖落一地时光的碎片。"寒梅最堪恨,常作去年花。"梅花常让人有今昔之感,岁末寒冬,百花寂寥时,她独自热热闹闹地开,待到春来回暖,花红柳绿时,她却默默地离开,不凑热闹。

跨年夜总让人留恋。大人们不肯早睡,抠手机,你在,我在,大家都在,在朋友圈里互相发送大同小异的心灵感悟,感叹逝者如斯,仿佛南极暴风雪中抱团取暖的企鹅。大家不想轻掷了这具有历史意义的一夜,这不过是贪恋时光永驻的假象罢了,时间的脚步,怎能留得住。

孩子们早早睡了。淡淡的花香正从楼下袅袅地升起来,掩嘴笑着,从窗缝里汩汩地渗进来,蹑手蹑脚爬上床,溜进她们的梦里,给她们染上一万种颜色,咕嘟咕嘟浮上来,一朵朵,一朵朵,开在她们绯红的脸庞。

好好爱她们吧,她们每一天都在长大。

再见,2017。

第二辑

奉节走笔

春节纪事

每年春节我都会写点东西。一来是有感而发，年岁渐长，逐渐有表达的冲动。二来是聊以备忘，明年今日再回想今年春节的情景，可能还有印象，但再过一两年，记忆就含混不清了。就像看春晚的小品，觉得刚看过，细一查，竟然都是很多年前的节目了。

每年节后写些文字，总有些不明所以的落寞和伤感。迟迟春日弄轻柔，阳光如此美好，而繁花似锦的生活总凋谢得这么快。一时的感兴与心境，若不抓紧记下来，可是转瞬即逝，哪怕只间隔一天，回过头来再想理出个头绪来，已不可能。原本有意义的事情，可能会变得虚无和无谓，这一时的虚无不仅会毁掉宝贵的灵感，而且会削减自己曾经和将来一段生活的意义。

一

妻腊月二十出国。哥嫂在老家换新房，尚未装修，暂住老院子。我家二宝太小，天寒地冻，一大家子回去也不方便。我和父母商量留下来过年，年前回去一趟看看，处理些事情，到亲戚家走走。

腊月二十四，我开车把父母送到家，又马不停蹄地带大宝去洛阳，看望岳父岳母。虽然只是蜻蜓点水，把东西搬上楼，喝口水就走，但一来一回就是三四个小时。回来的路上，天色已晚，高速路上车也不多，四下寂寥。我开了一天车，人困马乏，暮色苍茫中，远处村庄上空偶然绽放一两响礼花,五彩的火光散尽,爆炸声才颤悠悠地传过来,空阔辽远。每年这段路总要来来回回走上几遭,一来一回,旧岁将逝,新年即来,一种沧海桑田逝者如斯的沧桑感梗上心头。

父亲到家,一放下行李,便骑上那辆比走路快不了多少的旧车子出门。第一件事是去银行存工资。他和母亲不会用银行卡,只信存折,收入支出一笔一笔的白纸黑字能看清楚,每月那点工资不打到存折上,就是没发到手,不放心。存折随着行李随身携带,跟着他俩来来往往。父亲手头有笔定期,去年存了一年,忧念着再取出来存上。我忍不住问他利息挣了多少,他半天才不好意思呵呵笑着说,不多,二百八十一块两毛五。倒腾完了存折,然后理发。他仍去街口那家小理发店,一间门面房,一半兼作卧室,放着一张床,堆着杂物,另一半才是工作间,一张油腻腻的老式转椅,一张桌子,满地的头发碎屑。剪头的是位胖胖的中年妇女,据说是从前国营理发店的师傅,眯着眼睛,腿不灵便,走路慢慢腾腾,剪头也慢慢腾腾,每次连剪带染,九块钱。再就是买药。父亲有高血压,常年药不离身,我让他用我的医保卡在这边买,他说这边的药贵,他和母亲的医保卡里都有钱,不用可惜。买药和理发,其实是父亲丈量时间的参照物。每次来开封,他最多带一个月的药,药吃完,头发也该剪了,于是就冠冕堂皇地班师回朝,哪怕只一两天,也要回去透透气。我常对父亲说:"爸,你回去一趟的路费够你理好几次头发了。"父亲仍旧只是呵呵笑笑,我知道,不是一回事。

母亲到家,也席不暇暖,慌慌张张,但有时候容易分不清轻重缓急。碰见一个街坊邻居,一寒暄就收不住场,站着能唠半天,常把父亲急得在家直跺脚。母亲这次目的明确,先去城里的三姨家报到,顺便把二宝寄存一会儿,得空赶紧到小区外头理发店烫个头。她这大半年给我们带孩子,也顾不上收拾了,常说自己人不人鬼不鬼的。收拾完头发,母亲回来换了三姨的花棉袄,一边帮着蒸馒头、炸丸子、做饭,一边把攒了大半年的话倒出来,俩人在厨房忙得不亦乐乎。三姨早预备好了大包小包的牛肉丸子、金箍条,让我们走时捎上,回开封不必再忙活这些东西了。

三姨心直口快,嗓门大,小时候没上过几天学,虽然不识字,但粗中有细,农活儿、针线、家务事都是好把式。姨夫早逝,三姨多年来独自一人,含辛茹苦把三个闺女拉扯大。她平时也和母亲走得近,见得多,也最亲。三姨虽然有时候为兄弟姊妹间的事情与母亲意见不一致,拌拌嘴,但转脸就忘,又是嘻嘻哈哈。近几年,仨姑娘合伙开了一家服装店,生意红火,在城里买房置业,衣食无忧。三姨常对母亲说:"你没闺女,这仨姑娘也是你的姑娘。"母亲对三个外甥女也视同己出。去年春节,三姨顾念着我们家孩子小,专门让老三闺女把新房腾出来给我们住,自己一大家子七八口人挤在一起,我们一起热热闹闹过了个团圆年。亲兄妹之间能做到这一点,也不多。

二

腊月二十五,一大早,我和母亲去尚祥伯家,敲门无人应声,有些异样,过年不该如此清静。打电话才知道他住院好几天了,我们赶忙去医院探望。

他略显憔悴,但精神很好,依然是心脏的老毛病,准备年前住几天,调养调养就回去。我们去年夏天见面时,曾约定春节聊聊帮他整理文稿之事,看来只能以后再说了。

我小时顽劣,不知读书写字为何物。尚祥伯家世代书香,藏书极多,他经常送我《历代文选》《千家诗》《创业史》之类的文学书籍,还有不少书法碑帖、毛笔宣纸,渐渐激发起我的兴趣,让我在上学之余找到了一点爱好。初二那年,受他鼓励,我还在街上摆摊卖了几天春联。1997年夏天,香港回归,我一时兴起,写了副大红对子贴在门口,内容记不得了,街坊邻居不明所以,纷纷上门打听,莫非家里有喜事了?

我上大学以前，每年春节前，总要去他家写对子。开始写一大堆，自己家的，爷爷奶奶家的，大姑家的，写得手脚发麻，身上脸上红一块黄一块，每次挟着纸笔兴冲冲地去，写完抱着兴冲冲地回，颇有王子猷雪夜访戴的豪气和快意。大姑不识字，但很看重我写的字。每年我们都是年三十下午才回去，有几次姑父等不及，都买好了春联，她还是坚持贴我写的，用不完也舍不得扔，下年接着用。有一年，她院子里贴了好几种我写的对子，笔墨和红纸的颜色都不一样，我劝她还是换换，她却摆摆手，不换不换，自己写的比印的好！后来越写越少，爷爷、奶奶和大姑相继离世，老家就不需要了。再后来我成家立业，过年都像赶场儿，拖家带口直到年根儿才回来，哪里还顾得上写春联。现在我连自家的对子也不写了，手生倒是其次，主要是找不回少年时那种蓬勃欢欣的心境了。

除夕傍晚或者初一早上，尚祥伯会带我一起在胡同里、街上走走，看看家家户户门上的春联，一看书法，二看语句。"天增岁月人增寿，春满乾坤福满门"一类的熟句居多，偶尔也有一些字体峻拔、语句新奇的上乘之作。至今记得一家中药店的对联："厚朴待人，使君子长存远志；苁蓉处世，郁李仁敢不细辛。"以药物入联，一语双关，让我过目不忘。现在的春联绝大部分都换了金光闪闪的印刷品，由各类商家赠送，你装点了门面，也给人家做了免费广告，机器复制时代的产物，千篇一律，殊无可观。刚开始写的时候，我总要拿一本春联集锦放一边，后来写多了，书不用再看，也能根据不同的年份，诌几句像模像样的吉祥话。尚祥伯说，读书写字不懂诗词格律是不行的，嘱我一定要学音韵对仗，可惜我资质驽钝，加之太懒，直到现在仍是一知半解。

参加工作之后，一年回去不了几天，我和尚祥伯见面的机会愈来愈少。这两年，他身体不大好，每次回去，我都会抽空去坐坐，看看他，陪他一起说说话。话题不外乎学校近况，最近读什么书。他常说我心境纯良，还是适合读书，一来会有所成，二来可以省去很多烦恼。我深以为然。

腊月二十九，收到尚祥伯微信："我已出院回家，勿念，祝新年快乐。"

三

县城逢五会，腊月二十五是年前最后一个会，也是最大的一个会。

中午小姑叫我们一起去家里吃饺子。上午十点左右，街上已经被大小商贩占领了，熙熙攘攘，水泄不通，哥背着二宝，我拉着杨子，顺便逛逛看看。会上多是过年必需的年货吃食、新衣新裤和花花草草，还有日常用具，大到桌子椅子等家具，小到针头线脑，还有那种大红大绿的塑料张贴画，应有尽有。用得上的用不上的，都不愁买主，家里年货即使置备得差不多了，也要来逛逛。杨子很奇怪："爸爸，他们为什么不去超市买东西？"我说："超市里有的东西这里都有，超市里没有的东西这里也有。"二宝眼睛不够使，瞪大眼睛看，太费神，不一会儿晃晃悠悠，趴在哥的肩膀上睡着了。

小姑搬来城里住以后，我只来过两次，记不清上一次来是几年前了。当年小姑出嫁，还是我压的轿子，我还记得坐在小姑身边，由小轿车载着在县城大街上威风凛凛驶过的情景。小姑天性乐观，后来离异，独自带着表弟生活。她在镇上中学教书，结识了现在的姑父，日子过得平静自足，风生水起。表弟小我几岁，和我的生日前后差一天，学习成绩一直名列前茅。可好景不长，他初中时得了慢性病，一直看不好，只好休学在郑州看病。当时表弟对自己的病没有什么意识，我从小姑憔悴忧郁的眼神里看出点什么，憨厚的姑父倒很乐观，也很坚定，说只要按医生说的做，肯定能看好。出院后，姑父定期搭长途车往来郑州和老家，当时坐车可不像现在这么方便，要先坐车去城里，然后再到长途车站坐车，或者搭凌晨三四点的商贩进货班车去郑州。一来一回三四百公里,早起月明星稀,晚归披星戴月,每次背回来大包小包的中药,熬了给表弟吃,如是坚持了好几年。功夫不负有心人,后来表弟的病真的痊愈了,算是一个奇迹,而一大半的功劳应该记在姑父身上。

表弟大学毕业后在城里开了电脑店,衣食无忧,现已成家,又添了个大胖小子。可是命运无常,几年前,小姑又检查出乳腺癌,手术后定期来郑州检查化疗。一般人恐怕早已被厄运击倒,但小姑表现出了令人敬佩的乐观和坚毅。我和父母去医院看她,她仍然大声说笑,真的看不到一点悲怆和慌张,反过来安慰我们,不妨事,能吃能喝,就是掉点头发,戴个帽子和正常人没什么两样。在命运的大波折面前,安之若素,波澜不惊,是极难的事情。

吃完了饺子,父亲母亲和姑姑姑父坐下来打牌,我们几个小辈在一旁看孩子。表弟人高马大,孩子也满地跑了。我以前喜欢和他下象棋,现在他忙于业务,早已没时间下棋,棋盘棋子也不知下落。我们都已成家,各自在人生的棋盘上勉力厮杀,哪还有工夫像从前一样撅着屁股,一蹲就是半天。

小时候,我和父母上街,遇见熟人,最不耐烦听见的就是"哎呀,你家孩子都这么高了"之类的话,总感觉是套话,有些矫情,现在方知这不是矫情,乃是对岁月如流光阴似箭的感慨。

四

腊月二十八下午,哥嫂开车带孩子过来。一家人一年当中最难得的团聚,只是少了远在国外的妻,坚持了三年的全家福,今年只好搁置。

以前春节,一家人会打会儿麻将,现在三个孩子在一边闹,摊子都支不起来。俩大的天天腻在一起,形影不离,疯的呀。接连几天,我几乎没下楼,吃了睡,睡了吃,过着没心没肺的日子,只是和哥嫂去看了场电影。

初一一早,下了一阵小雨,我独自下楼透透气。听见院子里有人聊天,说今年是暖冬,一点也不冷之类的话,心里有些不舒服。冬天的冷暖其实是相对的,如果去县城乡下体验一下没有暖气的冬天,就知道说冬天不冷和晋惠帝说何不食肉糜差不多。

为了治理雾霾,今年禁放鞭炮,广场四周到处是禁止燃放烟花爆竹的警示牌。没有劈劈啪啪的鞭炮响,闻不到火药味,春节假期和普通的周末没什么两样,安静得不伦不类,过年更没意思了。

五

正月初九下午,父亲母亲搭长途汽车回去。临走,母亲做了一顿丰盛的午饭,又把二宝的脏衣服都洗干净,为了收拾行李,他们没顾上吃一口饭。俩人光衣服杂物收拾了两大包,厚的薄的,穿得上的穿不上的,塞得满满当当,要他们带点香油、花生、干果之类的东西,硬是不要。我回来的路上,母亲打来电话,说春节我给他们的孝敬钱,还有买手机的钱都给我留下来了,放在床头的柜子里。冰箱里牛肉在哪,丸子在哪,父亲都用标签写好,贴在抽屉上。馒头不多了,自己去买点。二宝的灯笼修好了,在阳台的栏杆上挂着,床头柜里有电池,安上就行。

父母年年如此,来的时候慌慌张张,走的时候匆匆忙忙,但都一样不落,把家里上上下下收拾停当才离开。在他们眼里,我是长不大的孩子。用妻的话说,就差给我烙个饼挂脖子上了。他俩用的手机是花二百块钱买的老年机,字儿大,铃声响,但上不了网,速度也慢。年前我在网上给他俩各买了部新智能手机,教会他们上网看新闻,用微信语音视频聊天。没想到,他们走的时候还是把钱留了下来。

节前热热闹闹,忙得不亦乐乎,真正有幸福感的也是节前忙碌的过程。过节也就是几天的光景,水流花谢,没等反应过来,年已然结束了。

二宝睡醒,不见了爷爷奶奶,还是习惯性地自己跑去厨房找,推开门,没有人影,咿咿呀呀嘟囔半天,小小的脸上满是茫然。

六

正月十一到十三,我和妻带孩子回洛阳待了两天,顺道把孩子姥姥接过来,马上要上班了,家里离不了老人。

洛阳这个城市,我素所喜爱。洛阳北依邙山,南临洛水,离我家直线距离不过七十多公里,风俗习惯甚至方言都很接近,风景极佳,名胜也多。母亲说,小时候和父亲带我出门,去的第一个地方就是洛阳,当时我才两岁多,在龙门石窟参观时,我还很知趣地拉了一裤子,留下纪念。

在洛阳和好友兼老乡阿超小聚。连着喝了两场酒,第一次是在饭店,一瓶五粮液,意犹未尽;第二天晚上又去他家接着喝,这次是放了十几年的老西凤,口味绝佳。我和他从小学、初中、高中一直是同学,父母也都熟识,老家又在一个镇,这样的关系只能用缘分来解释了。上学时便情同手足,你上我家,我上你家,他家房子大,很早就买了电脑,周末我常去他那儿玩电脑,看影碟。他是个绝顶聪明的人,会玩,善学,大学先学机械,后又拿了工商管理双学位。大学毕业后,他们卖了宅院,举家迁往洛阳,我们见面机会就少了。每年趁寒暑假,大概能见上一两次,这已是很难得了。近几年,他事业上到了不上不下的瓶颈期,渐生颓唐,每次见我非拉着喝几杯。人生不如意事十之八九,"跐跐黄小群"的少年玩伴,不知不觉,不惑之年已然在望,岂不心惊。

正月十二晚上,刮起冷风,下了一阵断断续续的小雪,触地即化。

正月十三一大早便起来收拾东西,但一切停当到高速路口已经十一点。此时正飘着雪花。路上开着车,一想到那些"年后再说"的事情眼瞅着又到跟前,不禁心烦。开了一段路,雪停了,关了雨刷,眼前豁然开朗。两旁高低起伏的丘陵被白雪点染,弥望皆是,如焦墨山水,只黑白二色,便觉得无尽妖娆。

原来雪都下到了这里!

"流光逐我尘如马,不堪摇落又西风。"一年的光阴转瞬即逝,何况只是这短短的春节呢。这不大不小的一场春雪,对今年春节来讲,真是一个好的收场。

年 夜 饭

年三十是一年当中最重要的一天,除夕的年夜饭自然也是最隆重的一顿饭。电视上看见旁人家里的年夜饭,叠碗架盘,琳琅满目,我有些羡慕。我家的年夜饭没那么丰盛,雷打不动的是饺子,奶奶叫扁食,配上些随手的家常菜,简单,随性,记忆深刻。

小时候在乡下老家过年。堂屋中间摆着八仙桌,桌上过年时会摆上牌位,写着"三代宗亲之神位"的字句,很神秘。墙上挂着个书法中堂,印刷品,朴素的魏碑,暗红底子白字。一直只记着头两句"城南城北万株花,池面冰消水见沙",觉得朗朗上口,又是大白话,读罢早春万花齐放、水面冰消的画面便在眼前浮现。后来才知道是王安石的诗,再后来,才知道后两句"回首江南春更好,梦为蝴蝶亦还家"似乎更精彩。两旁还有副草书对子,也是印刷品,红底白字,字体有些突兀。内容早忘记了,大概是"寿比南山不老松"之类的吉祥话。这些不过是父亲从单位发的年画挂历里拣来的,打我记事起就有,一挂就是好多年,为乡下老屋添上一点难得的书卷气。

年三十下午,奶奶早早把馅拌好,把面和好,招呼母亲一起捏扁食。奶奶的手像枯藤老树,但干农活是好把式,捏饺子也是好把式。她左手托着皮,右手用筷子挑一小疙瘩馅,手心里一抹,双手一鞠,指尖敲敲点点,变戏法般变出一枚枚饺子弯弯像月牙,带着一道道细细的褶子。只一会儿,好几笸子的雪白的饺子就包好了。八仙桌上早预备好了几个碟子,长条插着硬币的人口馍馍,煮好的熟牛肉或猪肉,甜麻糖,炸丸子或干巴巴的豆腐条,这都是给先人的供享。那时候我知道这些东西少不了,只是中看不中吃。

夜幕降临,炊烟四起,周遭鞭炮毕毕剥剥响起来的时候,奶奶呼啦哗啦猛拽几把风箱,炉膛里的柴火跳出来,咬着了锅沿,第一拨热气腾腾的饺子出锅了。这时候,父亲带着我和哥在院子里,挑着竹竿,把一挂鞭炮点燃,劈劈啪啪地炸起来。奶奶小心翼翼地把饺子舀出来,放在八仙桌上,满脸肃穆,一边轻轻摆放,一边低声祷告几句,往香炉里再上几根香。进行完毕,她便唤我和哥先吃。因为年前几天嘴不闲着,对饺子我们也没多欢喜,顶多从饺子里吃出一个硬币时会有一点得胜的惊喜,最惦念的是枕头边放的新衣新裤新鞋。

那时家里不宽裕,但过年我和哥的新衣是少不了的。大一那年寒假,我和哥在郑州擅作主张,用省下的生活费各自买了件棉衣。临近春节,母亲单位忙,顾不上管我们,直到腊月二十七八才回来,一瞅我俩身上的棉衣不像样子,眼睛一红,一把拉上我们,冒着漫天大雪就上街了,重买新的。再有就是箱子里的鞭炮。那时我们极爱放炮,父亲每年准备年货,鞭炮是大头。不论是成挂的小炮,还是成捆的大炮,我和哥都要平均分配,锱铢必较。从腊月二十三祭灶开始放到元宵节。有次回老家,车还没停稳,我手里的炮已经点着了,来不及扔出去,把手炸得稀巴烂。

后来进城过年。炉灶换成了煤火,客厅逼仄,也没地儿摆八仙桌了,奶奶空有一身武艺,也不得不入乡随俗。年夜饭的仪式大大俭省了,牌位换作一张宝塔状的白纸条,写上字贴在墙上,供享和香火还有,只做个样子,饺子依然是除夕夜的主食。偶尔为了调剂口味,父亲母亲会准备几个简单的凉菜:油炸花生米、凉拌莲菜、酱牛肉和炸春卷等,有几次还生了火锅,一家人一起坐下来喝几杯酒。

傍晚,胡同里叮叮当当的切菜声此起彼伏,说话间,邻居家的炮劈劈啪啪点着,连面对面说话都听不分明。起先仍是奶奶和母亲操心忙活,奶奶用不惯煤球炉子和煤气,走街串巷找来一只大的旧油漆桶,挖掉底儿,扣在地上,剪出一个大豁子,边上用泥巴糊上,做成一个简易炉灶,再去池塘边捡些枯枝柴火,架上锅,一切就齐备了。她说烧柴火做出来的东西才好吃。慢慢地奶奶年岁大了,脑子开始不清楚,记忆力衰退,沦为看客,厨房的主力就换作父亲母亲。我和哥一直到大学毕业之前,很少进厨房,四体不勤,五谷不分,帮不上什么忙。母亲有时候生气骂我俩太懒,说养俩儿子不中用。奶奶则不以为然,笑眯眯地打圆场,小孩子家,带着嘴,会吃就行。在她眼里,我俩永远长不大。

十多年前,奶奶走了,母亲成了全把式,父亲打下手。东西还是从前的几样,家家户户都差不多。其实,我最爱吃的还是母亲做的酸汤面叶,手擀面薄薄的,筋道有弹性,出锅时半透明似玉片儿,丢几棵绿油油的菠菜,盛进用十三香、醋、虾米、紫菜、香油、胡椒面调的汤碗里,再撒上些切好的香菜蒜苗末儿,绝对酸辣鲜美,满口生津。过年满腹油腥的空当,吃上一碗面叶,更是无法形容的美味。其次就是驴肉丸子,眼瞅着母亲用手挤出一个个面团子丢进油锅里,咕嘟咕嘟几分钟,笊篱捞起来,瞬间变成一个个黄澄澄的丸子,咬一口,火候正好,外焦里嫩,非吃得满嘴起泡才罢口。

年前我们回来得晚,置办年货、收拾房子、准备食材这些事情,都是父亲母亲亲力亲为,耗费了太多精力,到年三十,他们已是强弩之末,精疲力尽。有年腊月二十三,我正在楼上午睡,听到楼下咚的一声闷响,接着是哗啦啦碗碟摔碎的声音,赶紧光脚跑下来,才知道母亲在厨房蒸馒头,待的时间太长,煤气中毒了。赶紧打120,掐人中急救,好在只是轻微,主要还是太劳累,歇了半晌才缓过劲来。

慢慢地,家里人口多起来,像捏扁食一样,添了一个、又一个、再一个孩子,于是,厨房的人手也开始扩编,嫂子加入进来,妻也能搭把手。包饺子已不在话下,但操持年夜饭,仍是母亲做得多。除夕下午,父亲带我和哥回老家上坟,母亲就开始在厨房忙碌,张罗年夜饭。照样是家常菜,有时母亲会学着烧上一条鱼、炖上一只鸡,饭菜端上桌,又四处撵着喂孙女儿,自己吃第二拨。年前的弦绷得太紧,母亲收拾完,喝口水,匆匆看几眼春晚,眼皮就开始打架,没到十点就人困马乏,自己先睡了。母亲的除夕夜越来越短。

无酒不成席。年夜饭的酒桌上自然少不了酒。父亲年轻时在电影队工作,他和同事骑着自行车,驮着小型放映机和电影拷贝,无论寒暑,一个村一个村地赶场,冬天冷了,就喝口白酒御寒,所以父亲酒量惊人,以至于酗酒,落下高血压。母亲没少为喝酒和他吵架,不过年夜饭的酒就另当别论了,母亲只在一旁说"你们爷仨别喝多了",有时候高兴了,自己也斟上一杯。

十多年前,父亲身体的毛病渐渐多起来,忍痛戒了酒,于是这几年的年夜饭桌上,喝酒的就剩我和哥。酒有别肠,不必长大。我们都没有遗传父亲的酒量,不善饮,顶多喝上一两杯。一年到头,一起坐下来,心无旁骛地喝几杯实在很可贵。哥性温厚,不多言,去年戒了烟,身体有些发福。这些年,父母为了帮我照看孩子,一直跟着我们生活,家里的事情都交给哥和嫂打理。哥家的孩子是姥姥带得多,但他们从无怨言,仍在背后默默支持我们。每次我们带孩子回来,哥都会拉着她们上街去玩,抱回来一堆的玩具和零食。小时候,我俩会为了你多一个炮仗,我少一个炮仗闹别扭,甚至打架,转眼间,都到了上有老下有小的年龄,哥两鬓已有星星点点的白发。我俩喝着酒,话虽不多,彼此的心事都已了然。

"耳畔频闻故人去,眼前但见少年多。"这些年胡同里的老门老户,打工的,搬走的,去世的,已经不剩几家,街坊邻居陆陆续续换了不少新面孔。我们因孩子小,隔三岔五地也不回去过年了。年夜饭的仪式越来越淡化了,吃什么,怎么吃,其实并不重要,只要和至亲至爱在一起,热热闹闹就很好。

时间真快,眼瞅着又是一年春来到。"年年此夕费吟呻,儿女灯前窃笑频。"有时候我会想,要是能把过过的年再重新过一遍,该多好。

回 老 家

年三十下午,父亲、哥和我带着杨子和小小回老家上坟。

村子离城区有十五公里左右,差不多是我平常上班的距离,开车只需20分钟。今年又是暖冬,腊月尤暖似晚秋,天蓝彻骨,阳光和煦,像一个普通的周末,街上处处可见行色匆匆又面露喜色的人们。俩小丫头在车上又唱又跳,快乐极了,真是无忧无虑。小时候回老家过年,父亲和母亲各骑一辆自行车,我和哥斜坐在横梁上,后边驮着大包小包的行李和年货。天寒地冻的天气,一会儿工夫,我俩屁股以下便麻木毫无知觉,坐一段路就得下来跺跺脚,活动活动,走走停停,一个多小时才能到。时移事易,不胜今昔。

车子刚进村口,杨子就高兴地叫出声来:"爸爸你看,这里还有草原!"大家都笑起来,她把绿油油的麦地当成了草原。父亲说我小时候也是五谷不分,把路边的浇水干渠当成下水道,把废弃的砖瓦窑当成山包,把刚发苗的玉米当成葱。当年我们那些童年趣事主要是涉世未深、孤陋寡闻,而现在的孩子们则在于和老家、县城、农村、土地的陌生和疏离,在庄稼地里能一一叫出名目的孩子,越来越少了。

午后的乡间,风有些大,尘土飞扬。爷爷、奶奶和小叔的坟包已经很小了,互相依偎着,静静地躺在墨绿色的田野里。父亲插上香,点燃五色纸,让我们一起磕头,嘴里念叨着:"叔(在老家管父亲叫叔)、妈、小兜(十几岁早逝的小叔)!你们的孙子、重孙女们都来叫你们进城过年了!"父亲说这些话时,就像和家人面对面地聊天,并未显得哀伤,脸上反而洋溢着幸福的微笑。几十年了,我们已经习惯了没有他们的日子,但冥冥之中,总有东西联系着我们,这世上有些东西,是因为它的消逝,反而永远留在了我们心里。

鞭炮被点燃后,在空阔的田野里炸起来,发出哔哔剥剥的闷响。

从地里出来,父亲坚持回老院子看看,放挂炮再走。村子变化很大,修了水泥路,路边见缝插针地停着不少私家车,周边的街坊都盖起了楼房,只剩下我们家的老宅孤零零地在原地守候。宅子已经彻底荒废了,院墙早已不复存在,三间屋子也只剩下临街的街房勉强支撑着,东边塌了一角,摇摇欲坠。门前成了垃圾场,堆满了杂物。街房门洞里的土墙上,我小时候用粉笔画的大刀大炮和写的字还清晰可见。院墙早就坍塌,院内荒草丛生,高过头顶,萧索破败,触目皆是。那几棵老香椿树还在,虽然叶子落尽,犹挺胸兀立,精神抖擞。大姑在的时候,每年开春,香椿发芽,她总会用竹竿打些下来,一把一把扎好,托人捎进城来。

听见鞭炮声,不少人从家里出来,但大都是生面孔了,彼此很陌生。一些老街坊还认得我们,纷纷过来嘘寒问暖。父亲问起村里的情况,听到和他年纪相仿的不少熟人故交都不在了,唏嘘不已。"耳畔频闻故人死,眼前但见少年多",正是岁月如流、人事堪惊的写照。东邻家的吉祥叔小时候和父亲一起上学,现在也须发皆白,他问我多大了,我说,属羊的,三十六了。他一愣,脸上写满惊愕,握了握我的手,摇摇头对父亲苦笑:"真快,咱们咋能不老!"

1989年,爷爷去世后,奶奶就跟我们进城生活,院子闲置。奶奶在的时候,每年回老家上坟,她都要回来看看,亲手把院子扫一扫,和老街坊见见面,贴上对联,再放挂炮,恋恋不舍地离开。她常说,老家虽然不住人了,但打扫打扫,贴上对子,红红的,还是家。奶奶去世后,留守在村里的大姑便接过了这个任务。每年三十下午,大姑早早把老院子打扫干净,贴上对联,然后在村口等我们。见面时,她都会小声埋怨爸爸几句,这么晚才来,天都黑了。等我们上坟回来,她早已准备好酒菜,非要我们去家里吃一点再走。临走又让小四哥把备好的一袋面粉、一袋花生,还有父亲最爱吃的炸红薯丸子和芝麻叶拿出来,帮我们背到车上。这些细节,十几年来从没变过。短暂的相聚之后,我们匆匆离去,老远了,还能看见大姑略显佝偻的身影孤零零地站在村口,目送我们走远。

爷爷去世 27 年了,奶奶离开也有 13 年了,4 年前,大姑也不在了,老院子也就无人打理,日渐衰败。时光飞逝,物是人非,传统断了,仿佛心里的那根线也断了。想起这些,心里涌起无限的哀伤。

从离家上学,到参加工作,老家的概念有些飘忽不定。我现在常住开封,沁阳是老家;当我回到沁阳,崇义镇大张村是老家。老家物换星移的背后,是岁月的流转和人事的更替,将来孩子大了,总有离开我们闯天下的那一天,开封又成了他们的老家。我要告诉他们,真正的老家只有一个,父母在的地方就是老家。老家不是一个简单的地理符号,而是我们心里的根,是家族血脉的发源地,是我们的人生胎记,烙在身上,印在心头,永远抹不掉。

走 亲 戚

过年不仅是一家子的小团圆,也是一个家族的大团圆。

父亲兄弟姊妹六个,十多年前,奶奶去世,父亲和姑姑们就商量着过年不再互相串门,改为大年初三在县城饭店聚餐。大人小孩聚一聚,一起吃顿饭,餐费均摊,多出来的钱分给孩子们当压岁钱。刚开始是两桌,后来小一辈成家立业,孩子如香椿嫩芽,一茬茬地冒出来,两桌坐不下了,就三桌、四桌,热热闹闹。这样的形式简单经济,省了城里乡下来回串门送礼的繁文缛节,但一欢而散,留不下太多深刻的印象。不过姑姑们都在城里,住得也近,平日见得多,倒也很好。

母亲这边是年初二,大家一起回乡下姥姥姥爷家。母亲姊妹兄弟九个,初二回去的人大大小小加起来有三四十口,用母亲的话说,咱家的人能占上半条街。姥姥总是抄着手,笑吟吟地站在门口迎我们,来一家子就絮叨半天,高兴得合不拢嘴,手里攥一把花花绿绿的新钱,见到小孩子,就拍拍头,摸摸脸蛋,塞一张。哪家有一个人迟来,她都心神不宁,隔一会儿就去街上张望张望。这时候大人们开始张罗饭菜,除了在厨房准备下酒菜,还要在院子里架一口大铁锅,点上柴火,添上肉汤,兑进丸子、猪肉、白菜、粉条、豆腐、香菇,熬一锅香喷喷的大烩菜。人多,碗筷紧张,大人小孩一拨一拨轮流吃,一样一样换着吃,饺子、山楂汤、炖排骨……变着花样做,应接不暇。姥姥恨不得把攒了一年的好东西都拿出来,总担心哪个没吃好。这是一年当中最酣畅淋漓的一顿饭。

这时候我的心思早不在吃上,口袋里装着满满登登的炮,和一帮孩子满街疯跑,叮叮咣咣地放,手脚冻僵,脸蛋熏黑也不在意,乡下一望无际的麦田对我来说真是广阔自由的天地。聚归聚,互相串门还是少不了的,城里的回乡下,乡下的进城,你来我往,乐此不疲。

老人下世,留守在家的三舅四舅接过了接力棒,时间改到初三。他们两家的院子紧邻,就隔一道墙,两个舅妈一早就各自在家架起锅灶,比赛似的,准备拿手的酒菜。缺东少西的,隔墙吆喝一声,马上就送过来。大家吃完这家吃那家,喝酒的喝酒,打牌的打牌,聊天的聊天,热热闹闹直到日头偏西,天色渐晚才散去。老人不在了,但血脉亲情还在,年还是一年一年地过。老人渐少,孩子渐多,有时不但熟人乍见叫不上名字,还会添几副可爱的生面孔。

父母兄弟姊妹多,小时候过年,走亲戚从初二开始断断续续一直持续到正月十六。年前再怎么提前准备,到跟前儿也是手忙脚乱,顾此失彼。他们说走亲戚简直是打仗,而且是持久战。先是准备礼品,最早是街上摊贩卖的手工点心、汤圆、糕点,一包包系好摞起来,搁在自行车后座驮回家。后来是成箱的蛋黄派、饼干或者方便面,物件太大,干脆寄放在商店,哪天用再去拿。有意思的是,有时候自家送出去的东西,倒了几手,转了一圈又原物奉还。现在走南闯北的人多了,带来的礼品也百花齐放,丰富多彩了,牛奶酸奶、土特产、烟酒、水果、花草,应有尽有,重样的机率小了,礼物的变迁也是大家生活改善的写照。

大人们都喊累,嫌麻烦,小孩子们则很开心,个个欢天喜地,一来有好吃的,二来有压岁钱,路途再远,天气再冷,都不在话下。乡下的几个舅和姨常结伴,选个日子,开着三轮车,甚至手扶拖拉机,车斗四周圈上一层席子,大人裹着军大衣,搂着小孩儿,挤在一起,一路突突突,浩浩荡荡开进城来。天寒路远,孩子们尽管藏在大人怀里,耳鼻仍冻得通红,腿脚麻木,但一到目的地便满血复活,抹一把鼻涕,一个个生龙活虎地争先恐后跳将下来……

我说的都是十几、二十几年前的情景,想起来如在眼前,仿佛又闻到熟悉的做大锅菜的烟火气,听见半掩的篱笆门里传出来欢快的说笑声。

中国传统的乡土社会,安土重迁,彼此熟识亲近,稳定且可靠,自在散漫的生活孕育了质朴无华的亲情。但外面的新世界早晚会到来,人们开始慢慢离开圆心,向充满未知和诱惑的边缘流动。父母就是从农村一步步靠自己的努力走出来,在城里定居,后来我们这一代出来上学工作,或者外出打工,走得越来越远,聚少离多渐成常态。过去日子苦的时候,彼此抱成团,现在生活好了,打工的打工,做生意的做生意,家家户户都买了车,但来回走动却少了。走亲戚像赶场,来了丢下东西,寒暄几句,板凳没暖热,就匆匆告辞,赶往下一家。不是人情薄了,是生活节奏快了,生活压力大了,追求与欲望更多了,时间永远不够用。这是现代生活的两难困境。

我们已在外生活多年,父母帮我们带孩子,有几次说好留在这里过年,毕竟有暖气,方便些。但一跌进腊月,他们便开始坐立不安,归心似箭,总会莫名地发脾气。我和妻也不忍心,便收拾收拾,拖家带口回老家。在老人看来,这里生活再好,也不是自己的家,过年没有亲戚朋友,太冷清。

我理解他们。

写 春 联

岁杪天寒又一年,可不是,转眼到了腊月尾,该过年了。

取出落满灰尘的笔墨纸砚,抖擞精神,预备写春联。铺纸调墨,提笔凝神之时,往日春节写字的情形浮在眼前,恍然如昨。

从小学四五年级拿起毛笔学字,倏忽已二十余年,其间真正全心投入也就是初中、大学两个阶段。大学毕业后,因工作暂时没有着落,我在家闭门不出,自学考研。心情苦闷时,写字成了我唯一发泄的方式,信笔涂鸦,排遣情绪,颇有几分"临池欲尽胸中泪,与尔同销万古愁"的悲壮。

我练字从颜体楷书入手,也曾老老实实地临摹、描红、爬九宫格,用毛笔蘸水在地上画,可惜心浮气躁,觉楷书束缚手脚,进度太慢,想走捷径。遂弃学楷书,径直临黄庭坚、王铎,依样画葫芦,偶有三分神似便小富即安,志得意满。如今琐事缠身,笔墨纸砚早束之高阁,只在每年春节前,写上几副对联,矫情地"试笔"一二,装点门面。靠着当年打下的一点基础,工作之后便开始吃老本,兵器入库,马放南山,基本荒废。因此,我只能说会写字,于书法一道尚未窥得门径,这点自知之明还是有的。

自己提笔写春联,曾经也是我引以为傲的事。从初中起。每年春节前,我都去尚祥伯家写春联。准备工作既繁琐又隆重,像筹备一个神圣的仪式,裁纸、粘贴、调墨、选联、叠格要占去大半时间,真正书写只是水到渠成的事。尚祥伯很有耐心,手把手教我,鼓励我只管大胆写,美丑无所谓。就这样年复一年,我从最初的手忙脚乱,到后来轻车熟路,可以独立完成,写春联成了过年的传统。初二寒假,我还斗胆在大街上摆摊卖春联。少年无畏,头角峥嵘,当年还是有几分锐气的。

每年除夕,父亲带着我和哥,随奶奶一起回老家上坟时,都要带上我写的对联,给老院子贴上,再给大姑家捎上几副。自爷爷去世后,老家院子早已破败,但过年还是要回去看看,放挂鞭炮。奶奶说,虽然不住人了,但过年贴上对联,红红的,还是家。奶奶见了老街坊,一脸自豪地说:"这字是我孙子写的。"爷爷去世得早,并不识得几个字,早年在县里做文房用具的店铺当过伙计,做得一手好毛笔,走街串巷地卖,养活了一大家子。有年春节,奶奶收拾东西,从老家堂屋的阁楼上,找出一篮子笔杆笔头,青黄的笔管上,刻着一行清劲的小楷:"羊毫 杨纯三制笔。"这应该是爷爷的亲笔,我是头一次见。奶奶扒拉扒拉,不见一支完整的笔,有些失望,幽幽地说:"早知道你会写字,就让老头子给你好好做几支毛笔了。"

除夕傍晚,和父亲、哥哥一起为家里贴上对联,满院新桃换旧符,红彤彤,热热闹闹,涌上心头的是浓浓的温情和无与伦比的幸福感。很惭愧,自己并无天赋,笔力亦不逮,写字至今未有进步,不过随着年岁日长,对笔墨情趣和人生况味的体悟却日渐深刻。

如今,斯人已杳,爷爷、奶奶、大姑……都已逝去,但春节还是一年一年地过,春联还要一年一年继续写下去,因为它记录时间,拒绝断裂,对抗遗忘。写春联,与我而言,写的不仅仅是文化,还是一种追怀过往的方式,一种前后相继的传统,一种诸味杂陈的生活。

耍 故 事

从前过年像唱戏,是很有仪式感的,有开场,有过门,有高潮。铺垫了一年,春节自然是很隆重的。

跌进腊月,年味儿渐浓,演员未出场,锣鼓梆子胡琴次第响起来,烘托气氛。过了腊八,鼓点渐密,调门儿渐高;廿三祭灶,正戏开始,噌噔噔噔噔,按部就班,演员挨个出场亮相;除夕初一,大戏开场;正月十五十六,戏演到最后,高潮出现,气氛达到顶点。县里每年从初七开始,中心广场、群艺馆门口会摆上大广告牌子,预告正月十六之前,各个单位、乡镇和演出团体进城汇演的时间地点。

于是,在我印象里,初七之前,是自己的小家子过年,初七之后,则是全城一起过年,因为耍故事开始了。

初七上午,汇演的队伍从县城西关出发,一路沿怀府路往东,经过联盟商厦、戏院、电影院门口,边走边耍,最后到达中心广场,集结一处,依次展演。到处人山人海,挤扛不动。母亲早些年在妇联工作,也参加单位组织的秧歌队,搽脂抹粉,穿红着绿,手执彩绸,一步三摇地踩着鼓点走秧歌步,婀娜极了!

故事其实早就不新鲜,不外乎划旱船、坐花轿、二鬼摔跤、踩高跷、大头娃娃,但耍起来还是生龙活虎。老怀庆府乃河朔名邦,人杰地灵,挨近山西的紫陵、西万等地,有尚武之风,拳脚枪棒是远近闻名的,演出队伍最惹人注目。孙悟空的扮相最精神,身手最好,双手横握或单手反握金箍棒,左右翻飞,拧起一圈圈耀眼的棍花。猪八戒戴着肥头大耳的头盔,背着纸糊的耙子,有时候大冷天只穿长袖袈裟,露着白花花的肚皮。我最羡慕的是那些踩高跷的演员肩膀上坐着的孩子,吃着糖葫芦,居高临下,神气得很。汇演的队伍里,演员走在前面,后面是敲锣打鼓的鼓乐手,再后面就是跟着一同进城的乡亲们,一路浩浩荡荡,欢天喜地。前头的队伍表演完,摘掉行头,脸上的油彩还没擦干净,就加入了观看别人耍故事的行列。

县里的广场这时候显得还是太小,人太多,盛不下。房顶上、老槐树上、三轮车上、篮球架上、大人的脖子肩膀上,都是人。人群过处,地上留下厚厚一层甘蔗渣和瓜子皮,雪一样,白花花一片,踩上去咔嚓咔嚓,还有弹性,脚底能感觉到地下汩汩涌出的热气。此时不觉其脏,其厚度倒与人们欣喜的心情成正比。小孩子基本人手一只玻璃咯嘣,随着腮帮子一鼓一鼓的玻璃葫芦,咕嘟咕嘟响成一片。舞龙舞狮太常见,老虎上板凳都是小把式,上云梯是难得一见的压场绝活。两张梯子绑在一起,倒 V 字形竖在地上,高近十米。两头斑斓猛虎在锣鼓伴奏下,分头向云端进发。鼓点愈来愈急,大家不断拍手叫好,也有吹口哨起哄的,老虎的野性被激发,怒目而视,亢奋起来,八人两虎在高耸入云的梯子上纠缠在一起,仰面、回舔、挠尾、打斗,看得我心惊肉跳。

故事不光在白天耍,到正月十四、十五的晚上也耍。东西大街上张灯结彩,各个单位按照县里安排,在设定好的位置扎开架势,一般以大红的圆灯笼和方正的宫灯为主,财力足的厂矿企业会用大卡车做展台,摆上巨大的八仙过海、西游记、红楼梦等大型的彩灯,人物会动,还有音乐。虽然年年如此,花样翻新的不多,但县城因此有了"看灯犹记年时节"的味道。可惜,我上高二那年,县里不知何故取消了灯展,到现在也没有恢复。过年成了家家户户关起门来自己热闹热闹,街上反而冷冷清清。

那时候,我和哥跟着父亲母亲每年都去街上看灯。走着走着,忽然前面人群潮水一般向前涌过去,有人喊"过来了!过来了!"只见一条全身通明的长龙,自西边迤逦而来,快到跟前了,领头的擎起龙头,一声喊,众人迅疾围成一圈,打开场子,呼的一声,自龙口喷出一尺多长的火舌来,映红半边天,吓得观众哗啦啦倒退好几步。火星尚未散尽,那龙已起身,一路翻江倒海,去远了。

大街上热闹,中心广场也热闹,初十到十五,会连演几天戏。外婆爱看戏,虽然不识字,但对老戏的情节故事很熟悉,做活时也时常哼两句"你此番进京去要发奋,但愿你今科跳龙门",陶醉之神情,至今犹在眼前。每年正月十五前,她若有机会总会来待三两天,骑三轮车拽着我陪她去看戏。

看戏的还是老年人居多,自带板凳,或开三轮。唱的以老怀梆为主,其次就是豫剧,不外乎《卷席筒》《铡美案》《四郎探母》《朝阳沟》之类的段子,大多只是选段,偶尔也演个全本。本地演员居多,有时候也请一两位省里的名角来壮壮声势。怀梆是怀庆府本地的老戏,早年扩音设备差,没有耳麦,顶多在舞台前方竖几根麦克风,唱词念白都是土话方言,可一唱起来,尤其是高八度的后嗓音,声嘶力竭,喇叭里嗤嗤啦啦响成一片,我反而听不懂,豫剧的"刘大哥讲话理太偏"倒能记得几句。演员演得极认真,观众看得也尽兴。有时候台上不小心喊破了嗓子,或唱滑了嘴,下边嗡的一声,大家笑笑,接着看。中间歇场,有时会安排唢呐手吹上几段《百鸟朝凤》《上花轿》,婉转喜庆,听得人人毛孔痒痒,脸露喜色。《铡美案》的情节我是知道的,陈世美忘恩负义,抛弃发妻秦香莲并欲加害之,虽然当了驸马爷,最后还是被铁面无私的包青天铡了。我感兴趣的不是唱腔,而是想看看包公的龙头铡和狗头铡到底有啥区别,最后那铡刀到底怎么收拾陈世美。

外婆起先操手坐着,慢慢人多挡了视线,她伸长了脖子,时不时起身张望。最后干脆搬了小板凳,搂着我坐到车上,看得着实辛苦。我看不过一半,便兴味索然,人困马乏:"婆婆回家吧,回家吧。"外婆正看到兴头上,两眼放光,哪舍得走:"再等等,快完了,包公升堂了!"

咚咚咚锵,一通锣鼓梆子响,大幕拉开,包大人和陈世美公堂对峙,一正一邪,黑白分明。黑脸长髯的包公一出场,啊呀呀呀,嗓门洪亮辽阔,真有气吞山河之势,场子马上静下来。白脸的陈世美在台上徘徊瞻顾,人小声细,面白如纸。两人你来我往,绵里藏针。好容易挨到包公张口:"劝驸马休要,休要性情急呀,听包拯我与你呀,旧事重提呀!"

哎呀,哪能不急!

我有些气馁,看来要铡陈世美,还得等一会儿。

全 家 福

　　这几年春节,母亲都说要全家一起照个相,说来说去,我们总觉得照相是随手的事,大家坐一起,手机相机一摁就行了。可就是这么简单的事,一直没有实现。有次在家里,我打开电脑,让杨子带着父亲母亲看幼儿园新年晚会演出的视频和照片,其实这个演出幼儿园排练了无数遍,他们也跟着看了多次,但总也看不够。仨人有说有笑,看着看着,母亲忽然掉下泪来。我不能完全体味老人复杂的心境,也许她从杨子身上看到了从前的自己,看到了成长和希望。

　　这几年,我们兄弟的孩子渐渐大了,父母的年岁也大了,尽管我离家不远,但一年下来也难得团聚几次。过年一家子团团圆圆确实应该照个相,去年大年初一在自家院子里总算照了第一张全家福。今年的春节来得晚,已是过了七九,白天温度都在15度左右,天气晴朗,阳光和煦。但初一一早却变了天,昏昏沉沉,有些阴冷。吃过饺子,父亲母亲拿出红包,在屋里摆上凳子,并排坐在一起,让俩孙女磕头拜年。杨子和小小像小鸡叨米一样,抢着磕头,学大人的口气说吉祥话。父亲搓着双手,嘴角微微抽搐,双眼红红的,母亲乐呵呵地笑着,用手擦着眼角的泪。当年我们在乡下老家过年的时候,也是这样给爷爷奶奶磕头要压岁钱,场景未变只是人变了,故人已去新人来,真叫人感慨!遗憾的是,爷爷奶奶在的时候,家里也没有照一张全家福,现在保存的两位老人的合影,还是他们去世后请人照着旧照片画的。

　　给孩子们发完红包,开始照相。我让父亲母亲换上新衣裳,可他俩摆摆手,说,老了,穿什么都一样。母亲年轻时不是这样的,也喜欢穿衣打扮,爱收拾,退休后参加老年艺术团,跳扇子舞,走模特步,排大合唱,逢年过节到各个单位慰问演出,绝不含糊。后来来开封帮我们带杨子,年轻时的热情渐渐消磨殆尽,心思全用在了照顾孩子上。妻子也给她买衣服,她总责怪我们乱花钱,老了穿不出什么模样,穿两下便压在箱底,再也想不起来。

我们不去照相馆,就在自家院子里摆上两个凳子,父亲母亲拍打拍打衣袖,整理好衣服,抱着俩孙女坐下来,我们兄弟妯娌四个并排站在后面,背景是我写的春联:"云涌吉祥风吹和顺,花开如意竹报平安。"横批:五福临门。红彤彤的春联,红彤彤的笑脸,红彤彤的喜悦,这是一家子一年之中最欢乐的时刻。我把相机架好,设定好自拍模式,大家一起数"一二三,茄子!"咔嚓一声,笑容定格。几分钟的事情,相似的情景,和去年初一差不多,就像刚刚发生过一样,这简单的重复,一年已经过去了。

生活中很多宝贵的东西总是在不经意间失去,老人们交代的事情,总是应承一声就过去了,也不放在心上,等回过头来已经无法弥补,就像简单地照张全家福。要想留住逝去的光阴,单凭记忆往往很难还原细节,一张照片就像撷取岁月之河里的一朵浪花,可以记录和呈现我们曾经的过往,可以让我们重温永恒的现在,哪怕相纸发黄,嘴角的微笑、眉目间的喜悦也是不会褪色的。

回到家,我把照片存进电脑里。我发现,照片上的父亲突然一夜间老了很多,年前这场病让他显得更加衰老,脸上的褶皱更深了,我心里一紧。我挑了两张照片,准备洗出来用相框装好,下次回家带回去。

备 年 货

腊月初五,我们一放假,孩子有了着落,父亲和母亲就迫不及待地回县城老家去了。

院子半年多没人居住,地上的尘土有一指厚,冷锅冷灶不说,还没有暖气。但这在他们眼里根本算不得什么,条件再不好,多少年都过来了。回到家,就像鱼儿回到了大海,鸟儿放归了森林,心情愉悦,行动自由。他们很快收拾好房子,生了煤火,安定下来之后,便进入过年模式。

母亲开始像蚂蚁搬家一样,不断从超市、街上买来各种各样的年货,吃的喝的,洗的涮的,用得上的用不上的,一股脑儿全买回来。母亲平时生活上仔细得很,一过年尺度就不好拿捏了,想蒸豆包,上街一问柿饼一斤要五六块,思前想后还是没舍得买,最后用红薯代替。可俩孙女一回来,说想吃零食,二话不说,领着就上超市,要什么买什么,根本不问价钱。有时候,我们正说着话,母亲突然哎呀一声,说:"看我的记性,煮肉的调料包又忘记买了。"站起来推上车子就出门了。父亲俭省惯了,看不下去就说两句,说多了,俩人便叮叮咣咣地吵,吵完了该怎样还怎样。后来父亲也就不再白费口舌,默默地在家里把母亲买回来的东西一样一样归置好,该放冰箱的放冰箱,该挂起来晾晒的,在楼上扯根铁丝串得整整齐齐,蔬菜放哪,肉怎么处理,都收拾妥当。等母亲炖肉着急找不着花椒大料,给孩子剥核桃找不到夹子,削苹果找不着新买的水果刀时,父亲却不慌不忙,像变魔术似的一一取出来递给母亲。他俩一个在前方冲锋陷阵,一个在后方操持内务,紧紧张张又有条不紊,这也是几十年来吵吵闹闹患难与共达成的默契。

其实老两口属于一类人,平日生活仔细,对孩子却倾其所有,只知付出,不求回报。和我们在一起时,我们给他们的生活费,来的时候是多少,走到时候原封不动留给我们,总说有退休工资,这点钱算贴补我们的。过年给他俩的孝敬钱,转回头就给了俩小的当压岁钱。没办法,这些东西是根深蒂固的,你不可能改变他们。整个冬天他俩一直跟我们一起生活,有暖气,相对舒适些。回到家里,正赶上大雪,天寒地冻,加上院子长期没人住,阴冷潮湿。腊月二十五晚上,父亲突然心脏不适,难受了一夜,第二天上午才去医院。医生责怪他俩太大意,以后遇见这种情况必须马上打120来医院。父亲在医院从腊月二十六住到二十八,病情缓解,便执意回家,该过年了,他的心不在这儿,他还惦记着母亲一个人在家准备东西忙不过来。

　　父亲住院这几天,哥在医院陪护,母亲自己在家操持过年的东西:烙火烧,蒸花馍,搓芝麻叶,炸丸子,煮肉汤,灌香肠,盘饺子馅……一个人手忙脚乱,馒头头一锅蒸干锅了,豆包馅糖放少了,包子碱大了,丸子有点咸,可是一样不落地把东西准备得齐齐整整。中间舅舅、三姨、街坊邻居偶然来家里串门,问起来怎么没见父亲,母亲也是打个马虎,说上街了。她不肯让亲戚朋友们知道,甚至也不肯告诉我,我腊月二十七到家才知道。我埋怨母亲也无济于事,坚韧温厚的她,凡事宁肯自己扛着,也不想大过年的给亲戚朋友们添乱,也不愿我们担心。

　　年前几天,母亲每天从早上起床,一直忙到晚上十二点左右。我们都劝她少准备点东西,现在不是从前了,生活好了,吃什么可以上街买。她就是不听,说买的和做的不是一个味儿,事事亲力亲为,样样精益求精,不知疲倦地忙碌着。从母亲身上我看到了当年奶奶的影子。一跌进腊月,奶奶就开始忙活,她用不惯煤气灶,又嫌煤球炉子火力不旺,就让父亲找来一只油漆桶,挖掉底儿,扣在地上,剪出一个大豁子,边上用泥巴糊上,做成一个简易炉灶,再去池塘边捡些枯枝柴火,架上锅,一切就齐备了。我刚参加工作那年春节,天寒地冻,正下着小雪,我从郑州挤长途车回来,扛着大包小包已是筋疲力尽。走到胡同口,老远就闻见那熟悉的烟火气和炸丸子的香味儿,瞬间便神清气爽,精神抖擞。雪正下得紧,推开院门,见奶奶正坐在小板凳上,聚精会神地用筷子拨弄锅里金灿灿的丸子,锅里的热油咕嘟咕嘟哼着,锅下的柴火噼噼啪啪地响,火焰明灭,舔红了奶奶的脸颊。她像一座雕塑,肩膀上落着星星点点的小雪花,表情慈祥,安静,甚至虔诚。这个画面一直印在我的脑海里。

对奶奶、母亲而言,这些东西绝不是一道道琐碎的程序、家务,而是祖辈积淀下来的习俗,是春节必不可少的神圣仪式,对传统的遵循就像血脉里流淌的基因,无可改变,只要腿脚还灵便,这些活儿是一定要做完的。当然,还有一个重要的信念是想让过年回家的孩子们、亲戚朋友们吃得好。艰苦的生活赋予了他们坚韧乐观的性格,这些手艺和技能也在潜移默化中得来,无师自通。如今我们这一代人虽然生活好得无以复加,可惜的是,这些手艺却一样也不会了,不仅四体不勤,五谷不分,麻木的味蕾还常挑三拣四。

我常想,多年以后,当我们老了,过年上哪儿去吃香喷喷的炸丸子?

女儿的春节

女儿六岁半,读一年级。今年寒假,老师布置的作业是每日一句,记录假期生活。每天一句话,看似简单,对一个识字不多的一年级孩子来讲,还是颇具挑战的。我这个爸爸,自然义不容辞地成了监工兼助手,每日恩威并施,好说歹说将她摁在板凳上,然后还要坐在旁边,随时听候调遣:铅笔粗了,该削一下,这个字怎么写,那个拼音对不对,这里该用逗号还是句号。这实在是一种耐心和体力的双重考验,有时候短短的两句话,她会磨叽半天,花掉半个甚至一个小时,看到她歪歪扭扭写完最后一个字,终于大功告成之时,我都有一种如释重负的解脱感,谢天谢地!

1月26日　星期二

这学期数学考试我考了100分,我很开心,现在我才明白爸爸说的是对的,只要努力就能考100分,想不到是真的。我非常高兴。

女儿是个很乖巧的孩子,但她完成从幼儿园小朋友到一年级小学生的转变,可谓曲折艰难。她习惯了以玩的心态来对待学习,没有好坏的概念,凡事都无所谓。中间大大小小的测验,几乎每次都是倒数。有次我训她,怎么又考这么少,她笑嘻嘻地说:"我后头还有好几个人呢!"我不指望她将来成学霸,只要认真对待学习,养成爱学习的习惯即可。

直到12月初,情况不见好转,我终于痛下狠手,加大监管力度,每天放学回来陪着她写作业,辅导数学题,中间少不了吼她几声,放些将来学习不好扫大街的狠话吓唬她,她哭鼻子反抗自然也是难免,剑拔弩张的时候也是有的。

还好,小丫头终于知道学习是为了自己,而且也明白如果考不好寒假也过不好的硬道理,乖乖地按我的要求去做,最后期末考试得了全A。她收获了喜悦和自信,最可喜的是认识到只要努力就能进步,用她自己的话就是:"想不到是真的。"

2月2日　星期二

今天我们全家回老家了。回家前妈妈准备了很多行李,有衣服和年货,我带着我的故事书和作文本。我们坐车坐了好长时间,终于到老家了,见到了我的妹妹——小小。我很惊讶是因为好长时间没见她了,她有一点变样了,我很开心跟她一起玩。

回家之前,女儿连续三天发烧,搞得家里愁云惨雾,爷爷奶奶心急如焚。后来带她去医院检查,还拍了胸片,说是支气管炎症引起的发烧,开了一堆药。她归心似箭,回到家乖乖吃药,不停喝白开水,早早上床睡觉,当天晚上症状就开始缓解,不再烧了。第二天回家,那天其实是3号,腊月二十四,这篇是她回老家后补写的,所以日期有误。

这次过年,我们为回不回家,何时回家,回哪个家,一直达不成一致,颇费周章。她则不考虑这些,她回去的最大动力,就是能和哥的女儿小小一起玩。回到家,俩小人儿就黏到一起了,虽然一年见不了几次,但还是亲得不得了。她用了"惊讶"来表达自己见到好妹妹的心情,几个月不见,妹妹也长大了,她自己又何尝不是呢。儿童之间只有现实的空间距离,彼此的心里没有距离。

2月5日　星期五

今天我和我的全家人一起去外面吃饭。

我吃了鱼,那鱼的味道可真是香啊!我还吃了白菜,白菜是白色的,但是还有绿色和黄色的……我想去隔壁跟小小玩。吃完饭后,妈妈说我可以跟小小出去玩一会儿,于是我很高兴。我有一点儿伤心,因为我要回家了。

这篇写的其实是大年初一,我们和三姨一家一起出去吃饭。

饭后回来,三姨上六年级的孙女佳怡陪她一起写了这几句,看得出,一个教得认真,一个学得认真,不仅知道分段,还用了省略号和叹号。我们那天吃的是东北铁锅鱼,白的是白菜,天知道她说的绿的和黄的都是什么。

让我意外的是最后一句,听佳怡说,她原来想写"我很伤心",后来听了大家的意见,改成了"我有一点儿伤心"。小小年纪,因为预想到即将到来的分别,于众人欢喜之时竟然暗自伤心,我忽然有点心疼她。

2月8日　星期一

今天伯伯带我、小小一起去公园玩,我们玩了过山车,还玩了蹦极,在那里伯伯还给我们一人一瓶水,回家的时候伯伯骑着电动车送我们回家,他很辛苦,我也很喜欢去伯伯家里玩。

因为分隔两地,我和哥一年到头见面机会不多,俩孩子见面机会自然更少。哥长我三岁,听母亲说,小时候她和父亲工作忙,常让哥在家带我,哥也尽职尽责。有一年夏天,哥当时上一年级,父亲的一个同事趁我俩午睡时,把我抱走玩。哥醒来发现我不在身边,惊惶失色,跑去找父亲,大哭不止,以为把我弄丢了。现在我们这一辈的感情自然地转移到了俩孩子身上,她们情同亲姐妹。哥性情温厚,极喜爱孩子,每次我们回来,都会带着俩孩子出去玩,很有耐心,回来时带一大堆的玩具和零食。女儿也很喜欢和他在一起。

初二下午,哥又带着俩孩子出去疯了一下午。我开车去接他们,小丫头执意要坐哥的电动车,嬉皮笑脸地说:"爸爸,你们先回吧,我要和伯伯去兜风!"看得出,他很愿意和哥亲近,还用了"辛苦"来感谢他。

2月9日　星期二

今天是我最伤心的一天,因为我要回到开封了,我们要走的时候,我一直在哭,我们已经上高速了我也在哭,我一直想爷爷他们,可是我还有机会在(再)次见到他们,我走了之后,爷爷也哭了,他也想我。

这几句话最让我吃惊,也有些不安。

初三一早我们离开了沁阳,转道洛阳,翌日返回开封。离开沁阳时,女儿哭得像个泪人儿,惹得父亲也红了眼睛,扭过身偷偷抹眼泪。父亲一向粗枝大叶,这在从前是不可想象的。

这篇是回到开封后写的,动笔之前,她大致说了想表达的内容,我坐在一边看手机,遇到生字,我在草稿纸上写下来,她再誊写。写完,我让她念给我听,我才发现小家伙真的开始伤心了。自从6年前我们有了她,父亲母亲便一直跟着我们生活,现在又添了小宝,平时在一起生活的时间更多。母亲平时要带小宝,主要由父亲陪她玩,她自然在感情上和父亲更亲近一些。

直白的言语,传达出一个孩子心里对老家、对亲人的依恋,没有人引导她，完全发自内心。小小年纪知亲疏，伤离别，令人感慨。但感情太细腻了不好，我倒不想她懂得太早，懂得太多，还是每天快快乐乐最好。

每天这几十个字，差不多有一半她都不会写，起初全用拼音代替，后来写着写着，自己也觉得不好看，便让我写下来，下功夫一笔一画照着誊上去。因为用惯了田字格，刚开始她笔下的每个字都是长枪大戟，棱角分明，很难塞进口字格里，总是摁起葫芦起了瓢，像屋檐长草，乱蓬蓬，急得抓耳挠腮坐不住。一篇文字写下来，常常额头冒汗，两颊飞红。刚开始坐不住，后来就好得多，每天不必我再押送，只需一声提醒，便乖乖进屋开始写。这些进步，我是看在眼里，喜在心头的。

这些稚嫩的文字里头，还是有一点闪光的东西在，质朴简单，令人感动，从她的眼里看过年，看大人的世界，是不一样的天地。这里没有世俗人情，没有繁文缛节，没有烦心事，只要有好朋友，能放鞭炮，能出去玩，就很满足。小时候的我，也是这样子。

第三辑

人物剪影

爷　　爷

打我记事,爷爷就已经很老了。

印象中的爷爷,身形颀长,脸型瘦削,留着一撇一捺八字须,一根拐棍须臾不离身,戴一顶毡帽,沉默寡言。小时候,我是有点怕他的。这怕的缘由,说起来有些可笑。父亲说我两三岁时调皮不听话,当时爷爷进城照看我(那也是唯一的一次),有次午睡起来,我不服管教,爷爷给我穿好衣服找不到鞋,好容易找到鞋我又不配合,穿不上,他一怒之下,把我一个人扔床上哭,摔门出去,叫我爸来收拾烂摊子。父亲说的情景,我根本不知道,但至此与爷爷结下"梁子",总不敢亲近他。

老家旧时的院子不大,只三间瓦房,上房、厢房和街房,呈品字形,一条狭长的灰砖小路,连接上房和街房。就这三间瓦房也是土改时村里分的,更早之前住的是土坯房,我没有见过。上房东侧是一条阴暗逼仄的过道,没有灯,黑咕隆咚,通往后院,那里有厕所,还养着几只花母鸡。院里长着四五棵高大的香椿树,其中两棵很有些年头,高可参天,需两人合抱。每年春暖,香椿抽芽,街坊四邻都拿带钩的竹竿过来采。采下来的新鲜嫩芽用开水焯一下,拿盐腌上,拌上切碎的豆腐,滴两滴香油,一清二白,口味绝佳。香椿炒鸡蛋更不必说,是令人垂涎的美味。

老家叫大张村。蹊跷的是,村里人不是姓白就是姓杨,并无张姓,尤以白家为多,且多在县里经营生意,家境殷厚。爷爷自幼家贫,只有一个妹妹,直到36岁才娶了奶奶,而奶奶当时只18岁。这种老夫少妻的组合,并非佳偶天成。爷爷担心提亲的嫌弃自己面老,安排邻家兄弟去替他相亲,直到定亲之后,奶奶才见了真人。我没听奶奶亲口说过,已近中年的爷爷,家境一贫如洗,能娶上一位豆蔻年华的黄花闺女,在当年是奇迹。每次听大人提起这个笑中带泪的温馨往事,我总感到一点薄薄的心酸。我相信奶奶是看中了爷爷的人,踏实、厚道、能吃苦,宁肯嫁给这个比自己整整大了十八岁的男人。后来一起相濡以沫的几十年时光,也证明她当年的选择是正确的。

爷爷没上过学,成家之前在县城白家的悟本堂当伙计。悟本堂以经营文房用具闻名,他学做毛笔,沾染了一点文墨,靠着这手艺,兼卖些石板石笔和油印《三字经》《百家姓》等养家糊口,支撑全家老小的生计。石板我在老家的厢房见过,比课本稍大,长方形的青石块,四周镶木框,平而略涩。写石板用石笔,如筷子般粗细的白色长条,随写随擦,就像黑板粉笔,在当时是学生上课的必需品。父亲小时候,上房门口常年摆一张桌子,放满石板、石笔、毛笔、《百家姓》、《弟子规》之类的用具,有人来买,门口吆喝一声,径直进来,爷爷在,他收钱,他不在,来人就把钱放在钱盒里。父亲和姑姑们谁都不去动,也不敢动。

爷爷和奶奶生养了七个孩子(小叔早夭)。爷爷重男轻女,五个姑娘,只父亲一个男丁。有时候他被姑姑们惹烦了,训斥她们:"你们满天星星也抵不上一个月亮。"于是父亲又多了一个外号:月亮。在过去的年月里,要养活五个星星一个月亮,背后的辛苦难以尽数。1938年,日军进攻沁阳城,爷爷和村里十几个青壮男人被国民党抓去当壮丁,在战场上抬担架、抗弹药、挖工事。爷爷这一走,奶奶六神无主,跑回娘家求助大姐夫。这位姨爷是很传奇的,当时跟晋豫交界太行山上一个土匪头子扛枪,兼跨黑白两道,平日多亏他经常周济爷爷奶奶一点钱粮,雪中送炭。据说姨爷花了两块大洋疏通关系,把爷爷赎了回来。这位颇有些侠肝义胆的姨爷后来做洋布生意,最后在山西被人劫道杀害,不得善终。生活的本来面目不必粉饰,更不用杜撰,写出来远比小说惊心动魄。

爷爷生活极俭省。家里大大小小的农具家什,大到铁锹、耙子、筢篱,小到篮子、扁担,他都在上头烙上记号,写上一个"杨"字或"旺"字,郑重声明物有所主。我曾亲见街坊来借东西,他踟蹰半天,不说借又不说不借,最后都是奶奶干净利索地拿出来给人家。我和哥哥饿了想吃东西,奶奶一人给一大块面包或馒头,他总在旁边说,先给半个,吃不完浪费!

爷爷做毛笔的功夫是有名的,悟本堂的毛笔行销远近,也有他的劳苦。从悟本堂出来之后,他便挑着担子四处赶集卖文具,每日鸡鸣即起,步行去崇义镇甚至三十里之外的县里,都是平常不过的事。父亲每对我讲起这些,情绪激动,话音沙哑,忽高忽低,眼睛里偶尔透出一点骄傲的神采,但很快会暗淡下去。回忆不是忆苦思甜那么简单,旧年人事总与饥肠辘辘的生存记忆和茫然无以自处的痛苦经历纠缠在一起,我的好奇搅动他内心的波澜。家里的香椿树树干上分泌的树胶,像流下的一滴滴眼泪,凝固后晶莹剔透,如琥珀玛瑙,见证了爷爷辛苦奔忙的一生。这些树胶放在火上熬透,就是粘毛笔头的好材料。我明白了老家院子为何只种香椿树。

小时候在老家,一家人围着方桌吃饭,爷爷坐上首,他牙口不好,夹一筷子菜,只见胡子一动一动,慢慢从口袋里掏出一块灰手帕,轻轻擦下嘴。后来他独自盛饭坐到一边,自己吃自己的。吃过饭,拄着拐杖,在村里四处走,回来时,总捎一些废纸片、纸盒子之类的东西,他把带字的报纸书纸一捆捆扎好,把其他的废纸撕成一片片巴掌大的方片,放到厕所当手纸。奶奶每次都唠叨他,不要再拾这些破烂,但无济于事。有时候被奶奶说急了,他也不争辩,只长叹几声,脸色很不好看,起身离开,几天不跟人说话。我常见他一个人拄着拐杖,坐在门洞里,街坊邻居路过打招呼,他嗯一声,眉眼一沉,继续沉浸在自己的世界里,想着旁人无法知晓的往事。晚年的他,总有些孤愁落寞,感觉他有万千心事。

街房的西墙边,常年放着一口白花花的木箱子,前宽后窄,里头放些五谷杂粮,都是地里打下来的玉米麦子粟完剩下的。后来东西盛满,盖上盖子,一袋袋堆到上面,摞起来。我就和父亲母亲睡在箱子对面的大床上。我问父亲那箱子是干什么用的。父亲说,那是爷爷的寿木、棺材。我大骇,晚上不敢一个人在屋里待。这寿木是爷爷年轻时就已做好的,本家的一个兄弟是木匠,爷爷托他用自家地里的桐树打的。父亲说这些时平静如水,仿佛生与死的距离不过就是这床头到对面的距离。老一辈的人经历了太多风波险恶乃至生死存亡的考验,生死如穿衣吃饭,安之若素。来自来,去自去,人生天地间,不过如此。

上房很深,门槛很高,屋内阴凉漆黑,只在晚上开灯。爷爷和奶奶睡的炕头正上方,是一层夹板,隔开半人高的空间,类似阁楼,有时候见爷爷奶奶搬来梯子,上上下下,取放些东西。我远远踮起脚尖,也看不清究竟,一直很好奇。一次,我搬来两个凳子摞起来,想要爬上去。爷爷突然出现,吼了我一声:"你干啥!"吓得我一激灵,撇嘴哭起来。奶奶闻声赶到,数落他,上面又没啥值钱东西,让孩儿看看咋了!他并不争辩,默默把凳子恢复原状,笃笃笃拄着拐棍出去了。此后我再也没有上去看看的念头。

爷爷的身骨是很硬朗的,90岁的时候还担粪下地。夏收时,他虽然不再下地,但也闲不住,顶着烈日,在村头大路上捡麦穗。劳动就像一日三餐,是他的本能。直到91岁那年夏天,他捡了麦子回来收拾,在上房东侧的过道里不慎摔倒,跌坏了腿,只能卧床。整整大半年的时间,他只能躺在床上,终日呻吟,有时在半睡半醒中说些不明所以的胡话,找来大夫,却查不出病因。他也确实没有什么病,只是太老了。想动而不能动的痛苦,将他原本丰盈的生命力彻底耗尽。人都是这样,一点一点老去,身体在岁月的淘洗中慢慢变得脆弱,直到有一天,梁崩栋摧。

弥留之际,爷爷把小姑叫到跟前,指着床头吊着的一只篮子,告诉她篮子里有他平日卖废品攒下的钱,他说:"你妈没有挣工资,这点钱留给她用。"篮子里是用花手帕和塑料纸包裹的一卷硬币和一毛两毛的零钱,算下来,有八十多块钱。后来生活好了,姑姑带奶奶去赶集,收拾好东西要出门,奶奶说找些零钱带上,数着数着,睹物思人,忽然叹口气,坐下来,嘤嘤抽泣。

爷爷老的那几天,正是初秋,大雨滂沱,村里的土路涕泗横流,泥水没膝。那时候的我,对死亡,对亲人的离去懵懂无知,大人哭,我也跟着哭。葬礼在年少无知的我看来,是一出堂皇而有趣的仪式。出殡时,当我和哥穿着孝衣打幡,走在队伍前头的时候,我竟然有一种奇怪的自豪感。直到装着爷爷的棺材埋入地下,彻底消失,我才突然有了一种无可名状的恐惧和生死两隔的悲伤,堵在嗓子眼,压得我喘不过气。

多年后的一个夏天,我在老家过暑假。奶奶爬上阁楼收拾东西,找到两只竹篮子,哎呀一声,露出哀戚的神色,幽幽地说:"你爷连这点东西都不舍得扔。"我接过来,原来是几捆笔管,几扎笔头和几只铜笔帽,捆线已经糟透,扒拉扒拉,全散了。青黄的笔管上刻着一行清劲的小楷:"羊毫 杨纯三制笔。"这是我见过的他唯一的手迹,我这才知道,爷爷原是有名号的,姓杨,名旺,字纯三。爷爷做了半辈子毛笔,不曾留下片纸点墨,我从初中开始学字,可惜,那时爷爷已经下世,我已经用不上他亲手做的毛笔。

我小时候兴趣驳杂,喜看传奇故事,看电影《东陵大盗》时,被突然坐起的慈禧太后吓得几晚睡不着觉,但此后对文物历史感兴趣。高中读了文科,有一阵子着了魔似的,沾上考古癖。缠着奶奶、父亲,打听祖上的历史,然而每次都是失望。从爷爷的爷爷算起,老杨家都是再普通不过的农民,不是书香门第,没有进过学,没人当过官,也就不可能有什么可资考证的历史和能炫耀的传家宝。不过,我还真淘到不少"宝贝"——一串制钱,有半两、五铢还有道光通宝,一枚巴掌大的刻有十二生肖的圆形方孔铜币。有一次还从老家上房的壁龛里,找到一卷已经有些朽烂的宣纸,打开一看是地契,字迹不是文人手笔,稚嫩朴拙,后头落款有宣统、民国字样,还按着殷红的手印,我如获至宝,悉心收拾在自己房间,可惜十年前,家里翻新房子,这些东西统统遗失。至今想来,心中隐隐作痛。倒不是因为这些物件价值几何,而是这些凝结了爷爷奶奶那一代人生活经历的东西,就像解开老辈人生活秘密的钥匙,我却永远失掉了。

爷爷于 1989 年去世,享寿 92 岁,倒推回去,他应该生于 1897 年,也就是大清光绪二十三年,真真是旧时代的人,恍如隔世。父亲兄弟姊妹中,除大姑留守老家,其他人都进城扎下了根。十几年来,老人相继下世,没了人气,老家的院子逐渐破败,塌掉了。老宅作为家族命运迁播流转的中转站,使命终结,不复存在。只剩下香椿树,但故人已杳,全然没有从前枝繁叶茂的神采。

爷爷那一辈人的生活,平淡如流水,也绝非一泻千里,实则曲折萦回,暗流涌动,甚至波澜壮阔。他们用自己一生的努力,赤手空拳,默默将儿孙引到通向幸福生活的道路上,铲平荆棘,垫平沟壑,奉献了他们所能奉献的一切,自己一无所求,终老故乡。

每次想起爷爷,眼前总浮现这样一副画面:春寒料峭,一头老牛拉着犁耙,踉跄以耕。无奈犁耙太重,老牛年老力衰,虽狠命向前,犁却不动,汗水泪水涔涔而下,打湿脖颈,打湿肩头。

禄米仓杂忆

禄米仓,顾名思义,是旧时官府存放官员俸粮的处所,具体起于何时,已不可考。据清乾隆己酉年的《怀庆府志》,府仓廪仓在县城北门里,从地图上看,当时的地界是很大的,背靠城墙,东依高台寺,济河水蜿蜒如带,流经高台寺下,汇成一片水光曼妙的池塘,自东南穿墙而过。时代变迁,人进水退,如今偌大的禄米仓已被一排排自建房分割成若干条窄巷胡同,交错纵横,横亘在莲叶翩跹的东湖岸边。

我所说的禄米仓,更小,就是老院子所在的小胡同,东西走向,长不过二百米,宽仅二三米,勉强可开过一辆小汽车。出门往东,踩着凸凸凹凹的石板路步行百十步,即至水边。夏末秋初,几场雨过后,荷风送清香,常见碧绿的小青蛙四处乱蹦。1995 年,我读初一,我们一家搬过来,风风雨雨已二十多年,其间老街坊、老熟人,故去的故去,搬走的搬走,老面孔已经不多了。工作之后,我回去少了,胡同变化倒不大,每次回家,穿过闭着眼都能摸回家的胡同,总有一种"同来望月人何处,风景依稀似去年"的感慨。

一

聂叔一家住在胡同西头。他在县税务局一直干到局长,是炙手可热的人物,常穿一身笔挺的税务制服,不怒自威。其两儿一女,都在税务系统工作。每年春节,聂叔家早早地贴上对联,街上卖的那种,颜体,金粉书写的擘窠大字。初一的开年炮必是大如磨盘的大地红,至少是上万头,放起来能响半天,烟火蔽日,如雷震耳,殷红的纸屑在门前铺上一层地毯。逢年过节,访客踏破门槛,人声鼎沸,门前的电动车、自行车常占去半个胡同。胡同窄,车开不进来,一张张生面孔提着大包小包,在街坊邻居羡慕的眼光里,在胡同中来来往往。

聂叔有个习惯,每天早上蹲在自家门口刷牙。不论早晚,旁若无人地端着口杯,里里外外,上上下下,霍霍霍一阵狠刷。随后起身,仰脖,咕噜咕噜,一口吐到当街的石板上,真是酣畅淋漓。

聂叔打双升是高手。有次在胡同口打牌,他和对家一晚臭牌,被压着抬不起头,对手兵不血刃一路打到老K。围观的人都觉得大势已去,聂叔面不改色,眯着眼,一根接一根地抽烟,一言不发。果然,冷不防抓住机会,生生用一对J把对手勾回2,打回原形。

他喜遛狗,早晚背着手,踩着小碎步,或他跟在狗后头,或狗跟在他后头。他话不多,常开些无关痛痒又莫名其妙的小玩笑。一次我放学回家,见他老远向我招手,喊"过来!过来!"我以为找我有事,快步走到跟前,他竟狡黠地一笑,摆摆手,说不是叫我,是叫小狗。我回头一看,他家的小灰狗果然大摇大摆,从后面一扭一扭跑过来。

我大学毕业参加工作,聂叔也退休了,见面机会很少。一次我暑假回来,发现他家大门紧锁,偶尔夜晚或清晨,能遇见他们两口骑着电动三轮车,神色慌张地过来,开门拿些东西,再匆匆离开。偶尔碰面只简单地点下头,无一句寒暄。后来听说他的小儿子涉赌,欠人一大笔赌债,跑了,下落不明。要债的天天上门,他们不堪其扰,只能搬到别处,有家不能回。大儿子得了肾病,好在及时做了换肾手术,花了一大笔钱,保住了命。女儿也离婚了,带着孩子单过。人生参差,世事难料,好好的一个家,说垮就垮。

去年中秋回家,路过聂叔家,门上的锁已锈迹斑斑,显然好久没人来过。对联泛白,干巴在墙上,金粉脱落,笔力尽失,黑黢黢的笔画像冬天杨树身上裂开的口子。院里的石榴树倒不甘寂寞,结满了拳头大小的青红石榴,探出头来,四下张望。

二

旺叔一家住在我们东邻。他在工商局上班,任纪检组长,每日骑着一辆二八凤凰,吱呀呀地上下班。旺叔面目和善,一看即知是厚道实在之人,不抽烟不喝酒,一下班就回来做饭,收拾家务。如中午晚上有应酬,他也会急急忙忙提前赶回来,把饭做好再走。他爱锻炼身体,一年四季坚持早起游泳,骑车去城外的沁河滩,冰天雪地也不间断。游泳回来早了,他会拿扫帚把自家门前和对门邻居门前的地小心翼翼扫一遍,把家里更是收拾得一尘不染。

旺嫂很早就从厂里下岗,去家具城给亲戚打工,闲了接送接送孩子,打打麻将,很自在。大家都说旺嫂真省心,有福气。

当时我家里养着一只猫,常沿着院墙到各家巡视,整个胡同都不怎么见老鼠,旺叔常说我家的咪咪劳苦功高。他是个有心人,时不时准备些鱼肉骨头之类的吃食,用碟子盛好放在楼梯上,有时也会把自家吃剩下的鱼肉骨头之类的东西送过来喂猫。

虽然是邻居,我和旺叔的接触并不多。每次见他,他都很客气地嘘寒问暖,问我一些学校的事情。他有一儿一女,女儿大学毕业留在北京,嫁到了部队。儿子学习不好,高中毕业上了一所专科学校,后来也参军了。研究生二年级的暑假,一天傍晚,旺叔忽然来叫我去他家里吃饭,我推脱不过,就跟着过来。只见正屋餐桌上,叠盘架碗,摆满饭菜,他招呼我多吃。我有些不踏实,不知到底何事。过了半天,他才面露难色,很有些不好意思地跟我商量,想让我在家这段时间,抽空给他儿子辅导一下功课。我终于释然:"叔,都是老邻居,不外气,我会帮忙。"他这才放松下来,脸上露出笑容。

大约七八年前的一个冬天,早上大雾弥漫,滴水成冰,旺叔照例去冬泳,上岸后突然感觉心脏不适,还没来得及回家,就倒地不起,救护车过来,人已经不行了。好好的一个人就这么没了。旺嫂说,旺叔走时有预感,一般他都是游泳回来捎些油条豆浆,搭配着做些早饭。那天去游泳之前,他做好了早饭才走,没想到成了最后一顿。说得街坊邻居一齐抹眼泪,唉,冥冥之中有些事情,真是说不清。

旺叔走的时候才五十岁出头。旺嫂不想触景伤情,后来卖了房子,搬到别处去了。

三

霍叔曾是父亲的老部下,后来去了文化市场管理办。前妻因病去世后,他再次成家。直到我们搬来禄米仓,才又重逢。

再婚后,霍叔又生了一儿一女。儿子在后,属超生,被罚了八千四百块钱,他倒豁达,就给儿子取名博士,小名八四。多年不见,他已有些谢顶,比从前能说,性格也张扬了不少,说话大大咧咧,笑起来有些夸张,嘻嘻哈哈,略带几分江湖气。

他喜欢找我下棋。晚饭前后,他穿着大裤头、背心,趿着拖鞋,端着一大号白瓷茶缸来我家。那时我正痴迷象棋,抱着棋谱下过些功夫,棋力不弱,和他下略占上风。每到车马炮三线围攻,老帅吃紧,他就一边长考,一边抱着茶杯,眯眼皱眉,嘘嘘吹几下,抿一小口,喷喷有声。实在无药可解,他扒拉扒拉稀拉拉的头发,有些不好意思地跟我商量:"咋弄,叔悔一步?"

他家院子里有个储藏间,堆满了从市场上收缴回来的盗版音像带和劣质书籍。我去他家翻过几回盗版书,以言情小说居多,还有凌乱不堪的画册,收获了了,偶有《鲁迅全集》《文化苦旅》《平凡的世界》之类略高雅的本子,也因盗印质量太坏,错字连篇,难以卒读。

霍嫂不常出门,说话轻声细语,眉眼含笑,透着成熟和世故。霍叔对她言听计从,不敢轻慢。可能是工作性质的缘故,他们两口交友甚广,节假日或是晚上,家里进进出出,都是些神色匆匆的生面孔,隐隐听见哗啦哗啦的洗麻将的声音。

我工作没几年,有次春节回家,发现他家的院子突然换了陌生人,一问才知,他们已把房子卖掉,搬走了,据说是抵了赌债。后来又传闻他生病去世,父亲很是唏嘘了一番,总之好几年没再见他。

前年夏天,父亲偶然在街上撞见了霍叔,回来告诉我,他活得好好的,买了新房,只是瘦了些,头发更少了。

四

我们家对门住着老杨夫妇。他们说话声极大,平日说话就像吵架,声若洪钟,若真吵起来,更是声震屋瓦,半条胡同都能听到。他俩都属于一点就着的急脾气,一点鸡毛蒜皮也能吵得互不相让,有些话粗糙得难以入耳,但吵完也就完了,该咋的还咋的,有说有笑。就像湖水里丢进去一块石头,动静再大,平静下来就好了。

老杨的老丈母娘八十多岁了,和他们同住。老太太身体硬朗,精神矍铄,走动拄拐,是慢了些,一天到晚搬个凳子,倚在门前晒太阳,有时候还缝洗衣服、择菜。老太太耳朵背,他们吵他们的,各忙各,对她没啥影响。

老杨有一儿一女,闺女出落得明媚大方,办事干净利落,说话也是大嗓门,后来出嫁走了。儿子话不多,性情温和,没怎么上学,当过司机,开过小店,都不怎么成功,中间有一段时间一直待在家里,天天在楼上睡到日上中天,老听见老杨两口在楼下喊:"妈的,你就知道吃睡,还能干啥!"

老杨媳妇没啥爱好,天天在家招呼几个熟人打麻将,玩的彩头很小,半天下来,输赢不会超过二十块钱。老杨回来总忍不住发牢骚,有时候当着一堆人的面,两人也叮叮咣咣,搞得牌友们很没趣。但没过几天,哗啦哗啦的洗牌声又再次响起来。一家老老少少,就这么吵吵闹闹又相安无事。

老杨平时身体硬朗,烟酒不沾,不像六十岁的人,但突然有一天晚上上厕所回来,心肌梗死,拉到医院也没救活,走了。从没听过老杨媳妇那种撕心裂肺的哭喊,让人心碎。老杨媳妇瞒着老太太,找个理由把她送到亲戚家暂住,简单办了丧事。毕竟白发人送黑发人,太凄凉。

老杨走了没两年,老太太也走了,无疾而终,活了九十岁。老杨媳妇儿很是萎靡了一阵,闭门不出,再也听不到他们院子里的动静,人也清减了不少。后来她还是打起精神,把院子简单装修一下,给儿子操持了婚礼。

人不在了,生活还要继续,这几年,她的精神渐渐好起来,恢复了往日的活力,后来和一个后街的老头过到一起,搬走了。

大　　姑

大姑去世已有四年了。

大姑是一位普通的豫北农妇，性情憨直，心地善良，勤劳朴实。大姑圆脸庞，两颊总带着红晕，腼腆，爱笑，一笑眼睛就眯成一条缝。她言语不多，甚至有些木讷，与生人说话时，总是下意识地来回搓着手。

大姑生养了四个男孩。三个外出打工，最小的老四因先天聋哑，留在身边。姑父在乡里农机站工作，工资虽说不高，也是家里唯一稳定的收入来源。靠着几亩薄田和坚强的毅力，老两口含辛茹苦，把四个儿子拉扯大，分别给他们盖了房子，娶了媳妇，成了家。农村讲究多子多福，但有时候孩子多了，也未必是好事。含辛茹苦并不能换来孩子们的知恩图报，甚至基本的敬老赡养都很难实现。儿子们成家之后，各自为战，一个和尚挑水吃，两个和尚抬水吃，三个和尚没水吃。老四儿子离不了人照顾，也指望不上，其他三个儿子常年在外打工，每年春节回来也从不给老两口生活费。老两口有个头疼脑热，你推我，我推你，谁都不愿意管。每年正月初三，父亲和姑姑们都会召集各家老小，一起在城里聚餐，表哥们只顾带着老婆孩子进城，或骑电动车，或坐公交车，竟然没人操心老两口咋去。而聚餐的份子钱，也是老两口来拿。父亲和姑姑们都看不下去，可尽管如此，从没听大姑抱怨过，她对孩子有着近乎偏执的溺爱，在她心里，只有付出，不求回报。

父亲兄妹六人，只有大姑留在了村里，默默地尽自己所能帮衬着大家。父亲是家里唯一的男丁，参加工作后就去了城里，平时见得少，大姑待我和哥哥很亲。小时候在老家过年，她给其他小孩子最多两块钱压岁钱,却总会悄悄把我俩拽到一边,小心翼翼地从怀里取出叠得方方正正的小手帕,一层又一层,小心翼翼地打开,取出带着体温的崭新的五块钱塞给我俩。后来爷爷去世,奶奶离开老家来城里跟着我们生活,也就是逢年过节回去看看,老院子就交给大姑照看。再后来,奶奶也离开,我们回去的更少了,但大姑却还惦记着父亲。父亲爱吃香椿,老院子里有四五棵老香椿树,最大的一棵需两人合抱,每年三四月春暖花开,院子里的香椿树一抽芽,大姑总会让表哥打些新鲜的香椿芽,一把一把地捆好,叫人捎进城,还时不时地会磨些新鲜白面或者玉米糁,给我们备着。

每年除夕下午,父亲带我们回去上坟,都要先去大姑家坐坐。大姑早早把老院子打扫干净,贴上对联,在村口等我们。车子刚拐进村东头的土路,远远地就看见大姑抄着手,立在家门口张望。见了面,她都会小声埋怨父亲几句,说怎么这么晚才来,天都黑了。然后把准备好的香烛、七色纸等物品,叫我们拿上去地里。等我们上坟回来,小方桌上早已摆好几个小菜,非要我们吃一点再走。走的时候,把早已准备好的一袋面粉、一袋花生还有父亲最爱吃的炸红薯丸子和芝麻叶拿出来,叫小四哥帮我们背到车上。这些东西从我记事以来,从没变过。短暂的相聚之后,大姑红着眼睛送我们出门,老远了还能看见她略显佝偻的身影孤零零地站在门口,抹着眼泪。每年我和大姑的会面也就这短短的几十分钟。生活就是如此残酷,虽是近亲,但生活殊途,很难再有交集。

大姑没上过学,不识字,一辈子没有离开过老家,甚至很少到县城。听父亲说,大姑最后一次和姑父来城里找他,还是为了大表哥。老大的孩子要结婚,原来的房子不够住,想让父亲把爷爷奶奶留下的老院子置换一下,重新翻盖。老大自己张不开嘴,便撺掇大姑两口来说和。大姑极少跟自己的弟弟张口,为了自己的孩子,宁愿舍下脸来和父亲商量。父亲平日便对几个外甥的表现很不满,况且这老院子是爷爷奶奶旧日的根柢所在,最终没有同意,大姑很失望,走的时候很落寞。

2012年春天,大姑突感不适,浑身浮肿,送到县医院,才知道已是胰腺癌晚期。五月份我去看过她一次。当时大姑一家都在,几个儿子儿媳轮番伺候,床前儿女孝,看起来倒也让人放心。她躺在医院的走廊上输液,面目蜡黄,两颊深陷,圆脸庞已瘦得凸凹不平,但精神倒不差,阳光洒在她的身上,安详沉静。她见我来,面露喜色,眼里闪过些许光彩,起身靠着垫高的被褥,轻轻地说:"你这么忙,也回来了。"我握住她微微颤抖的手,心里堵得慌,因为我什么也做不了。她应该知道自己的身体情况,表面波澜不惊,心里早有了准备。这是我见她的最后一面。

在县里医院保守治疗了两周后,大姑突然中风昏迷,姑父和几个儿子商量后,决定放弃治疗,送回老家,几天后大姑便去世了。大姑去世之后,姑父一家没有通知父亲和姑姑们,竟连简单的葬礼都没办,说是为了逃避火化,连夜将大姑草草殓葬。辛苦了一辈子的大姑就这样走完了一生,从她生活了六十多年的土地上消失了。父亲和姑姑们悲愤难当,和姑父一家大吵一场,差不多算是断绝了亲戚关系,但于事无补,人毕竟走了。

我到现在也很难理解,大姑父对自己的结发妻子如此冷漠无情,表哥们对自己的母亲如此残忍。骨肉亲情竟如此不堪一击。

人走茶凉,竟至如此。

大姑就是这样一个普通的农妇,善良、勤劳、憨厚、坚韧,甘心承受生活的重担,安之若素,默默无闻。人生没有什么波澜,没有大起大落,和无数最普通的中国农民惯常的命运一样,生活,劳作,衰老,疾病,死亡,一生宛若路边草地上的露珠,阳光升起,消逝无踪,生之于斯,死之于斯。明月皎兮,人已逝兮。露水生兮,人已杳兮。想起春节回老家时,再也见不到她在门口守候,我心上泛起无限的哀伤。

突然想起她,还是因为前天,父亲在吃晚饭时说大姑父不在了。我心里咯噔一下,问父亲什么时候的事。父亲也不知道,还是听姑姑们说前几天回老家上坟,见大姑家的院门口狼藉一片,门上贴着白纸和挽联,大姑坟头上插着新的花圈,才知道的。我想他大概也逃脱不了被草草下葬的命运。

好好的一家人,就这样散了。

金子二三事

一

金子今年两岁了,女孩儿身男孩儿脾气,精力旺盛,活泼,调皮,犟得很,比她姐姐小时候难对付得多。

今年暑假,我和妻去澳门、珠海参加活动,顺便带姐妹俩旅行。八月,南方的天气湿热难挨,不活动也得一身汗,我和妻背着背包,带着俩孩子,其苦可知。尽管带着手推车,金子还是一步路也不走,走哪抱哪。我和妻觉得不行,这样下去,以后再出来可是太费劲了,想把她放推车上。谁知她哭得声嘶力竭,躺地上不起来,蛮不讲理。劝说无效,我恼羞成怒,抬手就打屁股,啪啪啪,手都发麻,她还是不为所动,继续闭着眼,张大嘴不停地哭。实在束手无策,索性把她用安全带系在推车上,假装离开,吓唬她一下。依然毫无效果,她反抗得更激烈,双脚乱蹬,挣扎着要站起来。一时引来路人侧目,不时指指点点,我俩真是站也不是,走也不是,如芒刺在背,百口莫辩。那一瞬间,尴尬、恼怒和疲惫交织在一处,真让人觉得生无可恋!徒唤奈何!好吧,你胜利啦。给她松绑,抱起来,哭声戛然而止,她搂着妻的脖子,头歪在一边,小声抽泣,万般委屈。

回来的路上,杨子悄悄对我说:"爸爸,你知道刚才路过的阿姨怎么说吗?"

"不知道,怎么说?"

"她们说,金子哭成这样,大人也不管,肯定不是亲生的。"

二

我每天坐班,妻基本每天都有课,金子平时都由爷爷奶奶带。早晨醒来我们已上班,晚上睡了我们才回来,于是,爸爸妈妈在她眼里永远都是"上班了,工作了"。夏天我和妻带她在海边住了几天,白天天热,就待在酒店休息,晚上出来活动。有一次,我们从市区吃饭回来,沿着沙滩散步。八九点钟的光景,天色已晚,路灯次第亮起来,这时的大海昏黑一片,只闻海风哗哗,波涛汹涌。

杨子问她:"金子,看见大海没,大海在哪儿呢?"

金子指着大海的方向,大声回答:"大海关灯了!大海下班了!"

三

晚上睡觉现在对我和妻来说,是件痛苦的事。

晚饭后到九点之间,是杨子的学习时间,我负责镇守书房,一来辅导杨子作业,二来要随时防止金子闯进来捣乱。小家伙的精力太旺盛了,白天玩儿一天,中午睡两个小时左右,夜里满血复活,像个猴子似的楼上楼下满地跑。爷爷奶奶累了一天,我和妻也在单位忙了一天,都很疲惫,金子笃笃笃笃的跑步声,听起来心惊肉跳。

十点以后,开始进入漫长而痛苦的入睡过程。好不容易把光溜溜的小家伙捉到床上,先是喝奶,然后是小猪佩奇。看她的双眼有困意,软硬兼施,把灯关了。接着进入第二阶段:寻找合适的睡姿。一米八宽的大床,盛不下她,黑暗中,她抱着小枕头,翻山越岭,跋山涉水,一会儿挤在我俩中间,一会儿跑到妻那边,一会儿滚到我这边,一会儿头朝东,一会儿头朝西,浑身汗津津,嘟哝着"金子满头汗子,金子满头汗子"。

我和妻都屏住呼吸,装睡,千万不能接她的岔,一接上话就收不住场了。十二点左右,她终于耗尽了最后一点劲儿,睡着了。但这还远没结束,半夜两点左右,她还要喝一回奶,眼皮也不抬一下,咕嘟咕嘟一口气喝完,奶瓶递给你,头一歪,继续睡。再过一会儿,想尿了,哼哼着爬起来,尽管带着尿不湿,也要拽着你去找马桶。你不服从不行,她一号啕大哭,楼上楼下都受不了。

最怕的是她拉屎,一般都在五点左右,她忽然坐起来,揉着肚子说"拉臭臭,拉臭臭"。我和妻人困马乏,你推我,我推你,终究还得过去一个人带她上厕所。

拉完收拾,好了,别睡了,天亮了,该送杨子上学了。

四

金子天生嘴会说,话也多,还懂得察言观色。

有时候我们故意问她,爸爸好还是妈妈好?她会说,爷爷好!爷爷好还是奶奶好?她又说,妈妈好!

家里来客人,都喜欢和她说话,经常问她,姐姐的爸爸叫什么名字?金子的爸爸叫什么名字?开始她还会一板一眼地告诉你答案,后来问得多了,她很不耐烦,头也不抬,大声回答,一样!

她平常在家太淘气了,不是尿裤子拉裤子,就是把家里搞成建筑工地,到处是玩具和杂物,前头收拾后头扔,要不就是不好好吃饭,爷爷奶奶端着碗跟在屁股后撵。大人们脾气再好,也忍不住吵她几句,或者皱起眉头,沉下脸吓唬她,故意不理她。她见情况不妙,倒不慌不忙,笑嘻嘻地跑到你跟前,钻进你两腿之间,仰着脸,挤眼给你笑,挨个给大人说"爸爸,爱你;妈妈,爱你;爷爷,爱你;奶奶,爱你"。世上还有比这更动人的话吗,这会儿你就是再生气,也消了,心都化了。

有一天,她和姐姐抢巧克力,抢不过,就撒泼,坐地上大哭大喊:"小金子巧克力,给你！给你！"我忽然恍然大悟,她还分不清"你"和"我",她说的"你",其实是"我"。

嗨,闹了半天,原来我们自作多情了!

童 言 拾 趣

一

妻爱吃蟹,一到中秋前后,便隔三岔五买些螃蟹蒸了吃。一日,我在厨房收拾螃蟹,女儿站在小凳子上看热闹。我不小心失手打翻了蟹笼,几只肥大的河蟹乘机爬了出来,在地上横冲直撞,伺机逃跑。小丫头惊慌失措,一下子跳下凳子,大声喊:"别跑!别跑!再跑让妈妈把你们统统吃掉!"

二

女儿每天晚上睡觉前都会缠着我给她讲童话故事,久而久之,白雪公主、小红帽、皇帝的新衣、卖火柴的小女孩……都已经讲了好几遍,她也听得不耐烦,我们都已江郎才尽了。一天,我找来一本儿童成语故事,想给她换换口味。开篇故事是《千金一笑》,讲周幽王与褒姒的典故,这些传统文化故事毕竟没有西方童话那般曲折动人,而且历史年代、人名地名对她来说确实有些生僻复杂。才讲了一半,她已经双眼无神,昏昏欲睡。她挣扎着拍拍我的手,说:"爸爸,你慢慢讲吧,我先睡了。"

三

有次母亲准备回老家,走之前给幼儿园老师请了半天假,说家里有点事,带孙女儿去超市买东西,玩了一下午。第二天早上,妻送她上学的路上,还叮嘱她:"到学校老师问你为什么没上幼儿园,你就说在家里休息,知道吗?"她满口答应。到了幼儿园,老师在门口迎接,笑着给她打招呼:"早啊,昨天在家里做了什么有意义的事情呢?"小丫头不假思索,应声说道:"奶奶带我去超市玩了,妈妈不让我给您说啊。"

四

晚上睡觉前,我和妻常聊些闲话,小丫头也不甘寂寞,常插话参与讨论。一次,我们说起想再要个孩子,她瞪大了眼睛仔细地听。我便问她:"你想不要有个小伙伴和你一起玩呀?""想!""那你想要个小弟弟还是小妹妹?"她想了想,很坚定地说:"我想有个小哥哥。"

同窗轶事

一

舍友某君,温良好学,性情淳朴,唯有一处避之不及——打呼噜。无论早晚,甫一沾床,便可酣然入梦。须臾,呼声渐起,初不甚响,嗞嗞有声;继而频率加快,鼾声大作;终至响若闷雷,声震屋瓦!吾等苦不堪言矣!

一夜,众人皆入睡。君依然酣声贯耳,直刺心脑。吾辗转反侧,不堪其扰。不禁怒从心头起,恶向胆边生。黑暗中,随手抓起枕边书本,向其床上掷去,"啪!"鼾声戛然而止。待其重整旗鼓前,我抓紧睡去。后舍友皆仿效,屡试不爽。

如此数日,竟使某君养成习惯:每日早起,必先将床上散落各处书本捡拾整理,面带愧色,逐一奉还:"不好意思,诸位受惊了,且收好,不然晚上没什么可扔的了。"

二

君尝暗恋一同乡女孩。此女乃体育系武术专业研究生,生得面如春桃花,娇美灵秀。君虽有爱慕之心,却逡巡不前,不敢表白。吾等不忍见其每日长吁短叹,茶饭不思,乃献策曰:"何不拜师学艺。"徐图之,循序渐进,事必偕矣。君大喜,遂购宝剑一枚,名太阿。另备酒饭一桌,恭请佳人,行拜师礼,求之授以剑术。女亦欣然应允,君欣喜若狂。

此后,两人出双入对,习剑练武,亲密无间。如是月余,吾皆以为事成矣。

忽一日,君携剑归寝,面有痛色,掷剑床上,不复言语。惊问其故,君黯然曰:"伊早有心上人矣。"事竟至此,奈若何？余皆唏嘘不已。

君学剑遂废,两人亦不复往来。太阿孤悬床头,弃之不用。

秋逝冬至,天气渐冷,每夜入睡前无人下床关灯。开关盒离君床头最近,无奈凭一臂之长又鞭长莫及。一夜,君忽灵机一动,探身取剑,趋身一点,啪！剑到灯灭。吾皆惊呼:"妙哉！"太阿遂成关灯不可或缺之工具也。

后有好事者作打油诗以志之：

千金购剑名太阿,欲为红颜作荆轲。
一朝缘尽佳人去,剑锋遥指开关盒。

老　石

我之前不认识老石。今年夏天,我们因为装修房子,需要在一楼阳台下垒一道砖墙,外加一点修排水管的活儿。天气炎热,活儿又不多,找了几拨工人都谈不来,后来装修公司出面介绍老石过来。

老石四十岁出头,个子不高,黑瘦,粗看是个老实巴交的农民,但说起话来,两眼不经意间透着一股狡黠的光,让我心里隐隐有些不踏实。第一次见面,他实地察看了一下,煞有介事地带着尺子下到阳台下量了半天。当时大略算了一下,连工带料大概得 1600 块钱,约好第二天上工。谁承想,第二天左等不来右等不来,打电话不接,死活联系不上。后来又接连下了几场雨,这活儿也就撂下了。大概一个多星期之后,装修公司算是找着人了,原来是老石当时报价低了,又不好反悔,不知怎样回话,就避而不见。他给我说这些话时,看着很诚恳,头抬不起来,脸酱得通红,一直道歉。这倒增加了我对他的信任,于是重新商量价钱,又加了 500 块钱,算是说住了。他也很感动,拍着胸脯,一再表示会把活儿干好。

第二天一早,老石开着三轮,领着媳妇开始干活。正是三伏天,今年的夏天尤其炎热,热浪灼人,雨后的工地泥水没膝,花蚊子嗡嗡乱飞,几能吃人。老石女人面善,木讷少语,右眼受过伤睁不开,身形娇小,运料,挖土,活泥,干起活儿来一点不含糊。她以前是个民办小学教师,后来因为超生,主动辞职跟老石一起干活,脏活累活毫不在乎,完全把自己当男人使。他们有俩儿子,老大上初一,老二刚上小学,家里经济压力大,接这种活儿也是生计使然。两口子成天开着三轮,在城里大大小小的建筑工地忙活,哪有时间照顾孩子,她说起这些也是两眼含泪。

他们的大儿子中间来过一天,帮着母亲挖土,因为老石头晚贪杯喝多了,在家起不来。孩子透着机灵,手脚麻利,挽起裤腿猫着腰就往阳台下钻。让一个十几岁的小孩子干这些活儿,我于心不忍。下午收工时,我对老石媳妇说,别再让孩子来了,好好在家读书。我看他们这辛苦钱挣得实在不容易,主动加了500块钱,又送给老石一瓶好酒、两盒烟。墙砌好当日,我就用微信把工钱转给他,约好防水做好之后过来移下水管道。

说好的时间到了,给老石打电话,他媳妇接了电话,她解释说家里老人不在了,办丧事,得四五天后才能过来,既然如此,也不好勉强。五天之后再联系,老石说第二天就过来,又等了一天不见人,打电话一问,说今天临时有事去不了,明天一早八点半肯定过去。第二天又不见人,再打电话,竟然不接了,再度消失!装修公司也联系不上他。我恨得牙根痒痒,气得直跺脚,两口子能做到这份儿上,太少见。老石并不"老实"。爱人埋怨我不该轻信这些人,把工钱那么快给他。是啊,咱与人打交道都是将心比心,哪里想到他们会这样恬不知耻。事后想想,这些出尔反尔的手段就是他的生存之道和处世哲学,靠着一点坑蒙拐骗的伎俩讨生活。你说他不出力吧,他也出力了,但就差最后那一点,他不能履行承诺坚持到底,只要得了钱,便溜之大吉。同学笑我太天真,盲目的恻隐之心只能诱发这些小人的惰性和欺诈心理,得了便宜还会笑我傻,好骗。

可怜之人必有可恨之处,说得有些道理,靠着这些伎俩过活,永远只能干这些苦活累活,至多也是维持温饱,难有出头之日。

装修公司也拿他没办法,毕竟现在活儿找人,不像以前的人找活儿,这个地方干不了,我再换个地方,干得好坏是不管的,反正你也不可能满世界找我。在散乱无序的装修市场中,法律规范只是摆设,道德自律无从谈起,诚信经营更是稀罕之物,像老石这样的大有人在,信口雌黄,出尔反尔,不以为耻,而以此过活(我怀疑他们说家里老人去世也是随口编造的谎话)。靠着一时的小聪明和鬼把戏,占了点小便宜,实际上是在透支自己的信誉,乃至生存的本钱,信用卡透支到一定额度,银行还不愿意,何况四处骗人,不计后果,终究是会栽跟头的。

后来我给老石发了条微信,我说:"老石,我真是服了,谢谢你让我长了见识。希望你以后一切顺利,好自为之吧!"我删掉了他的微信和电话。

可惜了他的两个孩子。

小　李

小李是铺瓷砖的。

小李年龄在三十岁上下,开封本地人,个儿小,五短身材;脸小,脸颊腮边老粘着些白灰;眼小,小到只剩一条缝,掩饰不住的猴精。一笑五官拧到一起,像一张揉皱了的纸。

春夏之交,正是院子里装修的旺季,家家户户叮叮当当咚咚锵锵。常见他骑个电动三轮,跷着二郎腿,一手握车把,一手打着电话呼啸而过,潇洒至极。

我们到了铺瓷片的当儿,正物色师傅。一个同事主动找过来,说是用过小李店里的砖,使劲夸他手艺好,实诚。我们也去同事家里看过几回,花色釉面搭配挺好,整体效果很不坏。小李见我们来,满脸是笑,如何选砖,怎么搭配,上墙怎么贴,地面怎么铺,谁家是他设计的,谁家是他铺的,一说起来就收不住。耳朵上总别着半截铅笔,看起来既敬业又专业。我俩太忙,不可能花时间一一考察,既然同事是搞设计的,懂装修,他用过的工人,应该不会差到哪儿去。同事在一旁不停地敲边鼓。一来二去,经不住劝,我便让小李来量了尺寸,估了价格,约好订完砖后开工。

妻是个完美主义者,为了院子里一小块地面和地下室墙面的瓷砖,几乎把大大小小的建材市场逛了个遍。按照小李算好的尺寸,买好了砖,约好第二天开工。他说最多一个星期全部弄完。我一再叮嘱他,质量更重要。他一脸的不在话下,没问题没问题,只管放心。

第二天下午,我下班过去,不见人影。院子里一片狼藉,沙土沿着院墙倒在下水道边上,瓷砖开箱的没开箱的铺陈满地。我打电话问他,他说没事,这都是准备工作,沙土明天都用上了,瓷砖也估好了,明早上工。

当晚风雨大作,彻夜不息。

一大早,雨还在下。我赶紧来院里,沙子已被水泡了,咕嘟咕嘟冒着泡,还被冲走不少。亡羊补牢,我用瓷片把下水道盖上,又围着沙堆摆一圈,挡一挡好一些。

这一下雨,又耽搁了两三天,正式开工后,家里事多,单位忙,我们中间去了两次,碰见同事也在,夸我们选的砖好,小李贴得也好,我们也就不怎么操心。直到第五天,是个周末,我们一大早便去看。小李和一个同乡工友正在贴外墙砖,他五六岁的小女儿在一旁玩。

简单转了一圈,我就不由得火冒三丈:采光井地面留好的地漏没给我们商量,直接铺上了砖,这可是给物业斗争多次才打的洞;地下室墙面的花砖,图案对得粗糙,砖铺得参差不齐,一摸,硌手;地上、墙角横七竖八放着好几块破了角的砖,崭新的瓷片,他铺在地上用来活水泥;面积多算了,多出整整两箱瓷片……

我质问他,他倒不忿,欺我是外行,一脸的无耻,振振有词:"地漏在地下室没用,就没给你们说。墙面贴得没问题,缺角的砖是送货时就有,活泥的瓷片擦干净就是,多出来的瓷片能退。本来不想接你家的活,要不是××介绍,我才不干。你嫌干得不好,结工钱我走人!"

混账东西的混账话,我气得想揍他。妻拦住我,打电话找来一个装修公司的熟人。他在市场上历练多年,见多了这些无赖,检查一圈之后,义正词严地指出小李的猫腻:墙砖没用十字夹,间距太小,四角没有对齐,墙面不平,误差太大;两桶墙面胶,一桶要价五百元,其实也就二三百元,不用也完全可以;墙砖对不住角,花纹也有错位;瓷片切割随意,浪费严重。

懂行的仗义执言,掷地有声,几句话就镇住场。熟人敲打他:"小子,你要是还想干这行混饭吃,就长点良心。就你这活儿,以后会有主家用你?"

我们怒不可遏,气氛愈发紧张。小李见势不妙,气焰顿熄,脸似猪肝,个子又缩了一头,不断点头赔不是:"这几天媳妇闹离婚,孩子生病没人管,没心思干活,接下来会好好干。"

我说不必了,收拾东西吧,该去哪去哪。

朋友把我拉到一边,像这种情况,完全可以让他拆掉返工。他算了算,按一平方米25块钱工费,整个干下来工钱大概在2500块钱左右,两桶胶坏了四五百。

我和妻商量了一下,看看小李满脸惊恐的女儿,还有他那个呆若木鸡的工友,叹口气,别让他赔了,走人吧。

他俩一声不吭,把院子里的沙土铲成一堆,瓷砖搬到屋檐下码好,垃圾用袋子装好,扔到地下车库。收拾妥当,他拽着闺女来找我,觍着脸和我商量,干成这样,回店里没法交代,他们两人干了四五天,能不能给500块生活费。

我说:"给你300块,是看你带闺女不容易,你过两天把多出来的砖拉走退掉,我再给你200块。"他嘴角一抽,想说什么又咽回去,扭头夹着尾巴走了。

装修,想省钱就别指望省时间,想省时间就别想省钱,想省心是万万不可能的。熟人靠不住,坑熟人的也都是熟人,而且笑里藏刀,杀人不见血。

过了好几天,他没再联系我,我也知道他不会再来。

后来,我专门又去同事家一趟,一边夸奖他装修得精彩,一边郑重感谢他:"谢谢你介绍的工人,只是把好手艺留在你家,把坏心思用在我家了。"

同事脸上红一片,白一片,半天冷场,尴尬地笑笑:"不知道他这样,他在我家干得挺好的。"

我说:"是啊,给你干得不错,我也看出来了。"

我再也没在院子里见过小李。

院子老刘

装修期间,我认识了很多工人,有装修公司的,有熟人介绍的,有工人推荐的,有泥瓦工,有木工,有漆工,有水电工,形形色色,不一而足。为方便联系,我在手机通讯录里按照工种,分门别类存了不少电话,诸如:水电袁师傅、木工小张、设计师小王、瓷砖小李、空调李师傅……认识老刘是因为他给我们硬化院子,我就把他存作"院子老刘"。

第一次见老刘是在去年夏天。

一个晌午,烈日当空,没有丁点遮拦。我从小区物业办公室出来,见一户院子里有人正干活。一个颀长干瘦的中年男人,立在日头下,上身赤裸,从脸部至腰身,皆晒作古铜色,汗水浸透,油光发亮。下身穿着长裤雨靴,抡洋镐,呼哧呼哧掘土挖泥。一位身形娇小的妇女,戴着草帽,在旁边收拾烂砖碎瓦。两人已把一楼转圈位置挖开一半,修成一道宽可容身、深至一米五左右,直至地下室顶板的壕沟。再揭掉原有的防水层,重新做好防水之后,回填夯实,再用水泥石子硬化。在这样的天气,完成这样的劳动量,非常人能想象。

我在一旁看得暗暗心惊。

后来我才知道那是老刘和他媳妇。

不久前一场暴雨,小区一楼大多水漫金山,惨不忍睹。为杜绝隐患,防止地下室日后渗漏,我们决定仿效其他邻居的做法,把院子地面全部硬化。这就结识了老刘。

老刘五十岁左右,本地人,原先在建筑公司干过,当过工人、工头、监理,后来辞职单干,手下有七八个工人,专做砸墙、砌墙、水泥等砖瓦活儿。小区一楼他们已做了四五家,听不少业主邻居介绍老刘干活踏实,可靠,我们就请他过来。老刘很得意,眉飞色舞,说话有些大,既然这么多家找他,应该差不到哪里。

开工当日,老刘带三四个工人,扛着电钻、铁锹、竹笆、洋镐,浩浩荡荡开将过来。他挨个儿给工人安排工序时间,交代注意事项。老刘已是轻车熟路,先检修院子里的排水,挖开一看,发现管子接口都断了,敞着口。我憋着一肚子火,喊物业过来修理。上来就排除一大隐患,我们对他刮目相看,便放心交给他来收拾。

老刘也确实尽心,指挥工人改过排水,拉了地平,运来水泥石子,夯实硬化。水泥干透凝固,又按我们的要求,垒了两截一米多高的阳光房的围墙和一个洗手池,把室内两个门洞敲掉,改了位置。只一个星期,全部弄完。中间不时有其他业主来找他帮忙看房子,策划装修,他都随叫随到,对基建工程一五一十,说得头头是道。大家开玩笑叫他刘教授,他酱红了脸,连连摆手,说:"你们别花椒(取笑)我。"

院子整理完,因还有后续的活儿想让他做,就留2000块最后结账,他很痛快答应了。我中间请他过来帮我做些小活儿,垒个空调台子,打个墙洞,跑根电线什么的,老刘是活套人,二话不说,领着人就过来。我给他塞过几盒中华烟,让他给伙计们抽。他接过来,小心翼翼塞进裤兜里,转身从上衣口袋摸出半盒皱巴巴的黄金叶,递给同伴,然后很仗义地对我挥挥手,顺手的活儿,不外气。我让他帮忙找个皮塞,用来堵院子鱼池下水口。他哈哈大笑:"这算啥,明天给你捎过来仨,你轮着使。"

之后每次在小区里碰见老刘,我都提醒他皮塞子,他都说下次下次,一定一定。

后来,阳光房装门窗的时候发现墙垒得有问题,但门窗已订好,想拆掉重做已不可能,工人费了好大劲算是装上了,乍看问题不大,但一砌台阶,便明显有些歪斜。我找他过来看,他半天不吭气儿,脸红脖子粗地笑笑,小瑕疵小瑕疵。

再后来，木工师傅进场做吊顶，发现老刘打的俩门洞都比原来尺寸高了五六厘米，好在不是大问题，我们请吊顶师傅添些板子补上。

出来年，小区里家家户户装修的多起来，老刘隔山岔五催着开工要钱，说家里有事急用钱。可约好了时间，却今天推明天，明天推后天，我在电话里给他急了好几回。几天后的一个周末，老刘带着媳妇过来了。

半年没见，老刘瘦了一圈，端着一个胳膊，眼皮耷拉着，精神也不济，脸上像蒙了一层灰。见了面，打个招呼，就一声不吭开始干活。听她媳妇说，他年前干活时胳膊受了伤，一直在看病。去年一拨人前呼后拥威风凛凛的风光不再。

其实活儿并不多，从墙上打几个眼，走电线出来接灯，装水池台面和水龙头下水，再敲掉一溜地面，把原来的花池扩大一些。但明显感觉老刘动作大不如前，并不复杂的几样东西，两口子干了一上午也没有收拾完。而且墙上的眼打得极不好，位置低了，洞也开得大了，插座装反了，水管下水弄了半天一直漏水。妻看不过去，和他拌了几句嘴，他脸上有点挂不住，想让结工钱，我们不答应，最后约过两天再来收尾。

这一放又是一个多星期。

一个下午，老刘开车带媳妇过来拾掇。摆弄半天，水龙头还是弄不好，老刘钳子一撂，骂骂咧咧："你这水龙头买的有问题，不干了，不干了，结账走人。"

我当然不愿意，忍不住和他吵起来："你把墙给我垒成那样，我都没说什么，你可以不干，你把墙给我拆了，门扶正；屋里门洞按尺寸重新开好，我再给你结工钱！"

老刘媳妇忙打圆场："你急啥急！想想法，不是大毛病。"

他绷着脸，半响接不上话。愣了一会儿，打开车后盖，取出一卷胶带，又默默地跳进院子，蹲下来收拾水管。几分钟的工夫，竟拾掇好了，这就是用心和不用心的差别。

临走，我把钱递给他："老刘，你答应给我的仨皮塞，我可是一个也没见着!"

他脸一红:"哎呀!我老是忘,放心,明儿我给你捎过来。"

我笑笑说:"谢谢,走吧。"

我估计等我们装修好住进去,他答应的皮塞子也拿不来。

第四辑

流笔碎影

在 医 院

一

办理住院手续时,医生问我父亲的年龄,我怔了一下,应该是65岁吧。父亲在病房看到住院证,笑笑对我说:"我今年67岁了。"我心里猛地一紧,有一种瞬间的刺痛感。我竟然记不得父亲的年龄,更别说生日了。我清楚地记得自己、妻子和女儿的生日,但对父母的年龄和生日却越来越模糊。

以前也曾问过父亲,他的生日到底是哪天,他总说记不清了,我也没太当回事。父亲告诉我,奶奶和大姑都说他是1948年阴历九月二十八生,但日期跟身份证上的不一致。如今奶奶和大姑相继去世,他的生日也就成了谜。

"父母之年,不可不知也。一则以喜,一则以惧。"过不过生日,老人是不计较的,心思都花在了儿女身上。但做儿女的却应该有这个心。

我很惭愧。

二

医院总是人满为患,任何时候,这里都熙熙攘攘。病房严重超员,横七竖八地躺满了病人,连走廊都摆上了床位,挤满了病人和陪护的家属,几无立锥之地。空气混浊,空间逼仄,人声嘈杂,我几乎喘不过气来。

　　病人是最敏感的,一点风吹草动就可以轻易压垮他们脆弱的神经。他们都是等待宣判的犯人,在受尽输液、打针、吃药、扫描、穿刺、手术等等各种酷刑的折磨之后,换来的是或长或短的刑期,有的十天即可出院,有的可能要两周,有的要一个月、两个月甚至更长,还有的可能再也无法离开。

　　病房里,大家都一脸愁苦,彼此讳莫如深,从不谈各自的病情,哪一位痊愈出院,离开病房,其他人都会露出无比艳羡和期待的眼神,像划过一道流星,旋即黯淡下去,叹声气,沉默不语。

　　在医院应付朋友的探视是痛苦的事。家属往往承担着更大压力,带着十二分的紧张和你寒暄,一面担心来者无意透漏出隐讳的病情,一面又要装出若无其事的镇定,说些言不由衷的客套话,这些人情往来,于病人无益,于家人更是徒增烦恼。

　　父亲胆小,心不够大,在最终诊断结果出来前,不能让他知道实情,我便宽慰他不过是普通的肺炎而已。

　　在等待宣判的日子里,我忍受着从未有过的煎熬。

三

　　父亲年轻时,酗酒、抽烟、脾气暴躁,对我们从来不管不问,母亲说他是甩手掌柜,什么也不干,什么也不会干,连油瓶倒了,也不会伸手扶一下。印象里常常是他中午或者晚上回来,喝得酩酊大醉,倒在床上人事不省,凌乱的屋子弥漫着呛人的酒臭。他后来患上了严重的高血压、心脏病,从此才略微收敛,烟是不抽了,但酒却一直戒不掉,直到年岁渐大,病越来越多,近几年才不再喝酒。但药不离身,走到哪里,都要带上一大堆的瓶瓶罐罐。

　　夫妻间的争吵和战争似乎是人生不可或缺的一个阶段,再和睦的家庭也少不了咬牙切齿势同水火的时刻。从我四岁记事开始,父亲和母亲便常常为一丁点的小事发生分歧,言语不和,继而争吵、冷战。母亲是刀子嘴豆腐心,急性子,红红脸,一阵风过去也就算了。父亲是个爱钻牛角尖的人,脾气执拗,爱面子,生闷气,嘴上不说,心里记着,新仇旧恨日积月累藏在心里,铆着劲和母亲冷战。两个人不说话互不过问,最多持续两三个月。两个人虽然互不相让,但心里头还是彼此惦记着,只不过谁也不肯先让步。吃饭时,母亲让我去喊父亲;母亲自己坐车来开封,父亲早早打来电话,担心她辨不清方向,让我提前去接她;父亲有个头疼脑热,母亲便催我带他上医院检查;母亲赌气出去回来晚了,父亲就坐立不安,让我们打电话问问到哪儿了……

两个人争吵了半辈子,分分合合,欢喜冤家,见不得,离不得。

这天,我正在病床边看书,父亲若有所思,似乎想起了遥远的往事,黯淡的眼神闪过一道亮光,突然忽然轻轻告诉我:"今年是我和你妈结婚40周年。"

我没有说什么,脸上一紧,心里再也平静不下来,我知道他想得很多。

四

医院由一所历史悠久的学校改建,院子里坐落着一些很精神的老建筑,厚重古朴,还有不少参天大树和各种花草,都有些年头了。正是初夏,石榴、月季、夹竹桃开得热热闹闹,满院花红柳绿,葳葳郁郁,生气勃勃。很难想象,病房外竟是如此清幽雅致之地。"天地不仁,以万物为刍狗。"这里到处是被病痛折磨得心力交瘁的受难者,但天地无心,花照开,水照流,一切如旧,不会因你的痛苦而有任何改变。所谓"人命关天",不过是我们的一厢情愿,人命几何,关天底事?

病房楼前的一株大叶女贞尤其惹眼,树高丈许,开满雪白的米粒花,丰姿绰约,远看像极了一团袅袅飞升的云雾,百步之外,香气袭人。但来来往往的病人、家属、医生大都行色匆匆,无人驻足观赏,留下它独自寂寞。

五

我陪着父亲天天来往于医院和家里,形影相吊,相依为命。

父亲言语不多,甚至沉默寡言,我们平常很少聊天,交流也少。过去我在外地上大学,聚少离多,没时间;后来成家立业了,彼此分居两地,偶尔也在一起生活,但没有共同话题,心境与情怀俨然两个世界。有什么心事,我首先想到的是母亲,极少和他分享和交流,小时候不愿说,懂事了不想说,长大了懒得说,父子之间,永远隔着一层捅不破的窗户纸。交流是少了些,但不影响感情,父子之间永远存系着牵挂与关爱,这些东西又不用太多语言来表达,一个眼神,一个行动,便了然了。

在我印象里,父亲从未像现在这样萎靡不振。虽然结果尚未知,他却已经给自己下了最坏的定论。终日长吁短叹,情绪低落,心思异常敏感,一点风吹草动便高度紧张,追着刨根问底地问医生。我请了假,小心翼翼地陪着他,一起散步,一起聊天,聊些往事,分散他的注意力。为了安抚他焦虑的情绪,我带他去看电影。照以前,他绝不可能去的。

我开始整夜整夜地失眠,晚上靠吃阿普唑仑来抵抗焦虑。有时候我忍不住对他发牢骚,埋怨他总也舍不得把剩饭剩菜倒掉,埋怨他炒菜时总记不住开抽油烟机关厨房门,埋怨他想得太多影响身体,可话一出口,看到他神情黯然手足无措的样子,我又后悔不已,我不该责怪他,病在谁身上谁知道。

此时的我更像是大人,他则像个少不更事的孩子。

六

陪父亲在病房的时候，我用胡思乱想打发时间。

在回忆里可以暂时忘记忧伤和痛苦。我想起小时候如童话般美好神奇的时光，烈日炎炎的麦地里，父亲在树荫下，用麦秸秆给我编不倒翁，放在我的手掌心旋转；想起工作后我在外奔波忙碌的生活，想起父亲常眉飞色舞地在朋友跟前吹嘘我考上了研究生，在众人艳羡的眼神中志得意满的神情；想起结婚后忙乱而又充满希望的日子，父亲尽职尽责地给我们接送孩子，帮母亲操持家务；想起去年的今天，我们一家三口正在海边旅行；想起前几天家里还平静如常。这突如其来的疾病，如同一支冷箭正中我的背心，将我从疾驰的马上射落，让我坠落在冰冷的现实里。从前的美好生活瞬间变得虚无缥缈起来，一切都像脆弱的幻象。

我想起了生死。

多年前的一个夏天，那时候我刚大学毕业，工作尚无着落，我随母亲去青岛舅舅家。晚上我独自睡在阁楼上，夜半，突然被轰隆隆的涛声惊醒。黑暗中，只听得呼啸的海风和浪涛击打岩石的声响，一次比一次逼近，一声比一声猛烈，直震得门窗嗡嗡作响，我感觉大浪似乎马上要漫到床边将我吞没。窗外夜黑如墨，空无一物。我猛然想到，我会不会死掉？恐惧瞬间将我包围，毛骨悚然，继而大汗淋漓，再也睡不着。

人总是要死的，人死之后怎么办？应该也像这漆黑的夜吧，永世的绝望。

"未知生，焉知死？"孔夫子以狡黠的智慧回避了这个问题。而现实中，我们必须面对。老一辈的爷爷奶奶去世时，我依稀懂得了悲伤，但并不知恐惧，只知道亲人远去了，意识里对死亡仍是似是而非，它还是一个遥远的东西。如今父亲患病，我却感到从未有过的恐惧和惊慌。

老一辈的亲人离去,因为还有父母在,感觉死亡还很远,如今我才意识到,死亡其实就在不远处,随时窥视着我们。

我不寒而栗。

"人不畏死,奈何以死惧之"的真勇士大概是有的,但毕竟是少数。你我皆凡人,贪生怕死无可厚非。父亲当年酒醉后常有大不了一死的豪言,渐入暮年,疾病缠身而颓唐至此。我理解他,当我老了,也是如此。

知生死,方明天道,晓事理,通人情,方知惜时悯人,方知如何处世。

我又想起过几天后的复查,如果结果好转,我准备带父亲回老家待几天,他在这里太寂寞了。可如果结果不好,我该怎么办?我不知道。

七

时光如流水,岁月就在我们每日的对坐无语中流逝,我们每天忙着干不完的工作,父母则被冷落和漠视。其实,很多时候我们已经意识到了问题所在,但就是在那个时刻,我们总想偷点懒,原本可以坐下来,陪他们说几分钟话;找个周末,牺牲几次打球看电影的时间,回老家看看他们;玩手机、看朋友圈的时候,随手给他们发个信息,打个电话,这些事太简单了,大可不必着急,但直到某一天,可能已无可挽回。

时间都去哪儿了?

树欲静而风不止,子欲养而亲不待,绝大部分是我们自己造成的,不要找什么忠孝难两全的借口,都是屁话,自作自受。

八

度日如年地熬过了十六天。父亲病情几次反复,还好,都一一化解。

为确诊病情,挂专家号,中间有一天我凌晨 4 点半即赶赴郑州,7 点前我已经在医生门外候诊。大家都自觉在门外认认真真地排队,安安静静地等候,忐忑不安的心情彼此心照不宣。医院人流涌动,在那里,我见到了无数和我一样的病人家属,希望和绝望交织的眼神,沉重或轻快的脚步,还有彻底崩溃的嚎啕大哭。

人生百态,展露无遗。

九

第十七天。

前一晚,养了半年的栀子花终于开了第一朵,冰清玉洁,袅袅娜娜,香气沁人心脾。我心中暗喜,祈祷这会是个好兆头。

一大早,我带父亲复查 CT,验血查 ACE,请医生会诊。结果喜出望外,各项指标已经趋于正常,病灶也基本消失。

劫后余生,我紧张的心情终于松弛下来,晚上难得睡了个安稳觉。

父亲出院那天,栀子花又开了第二朵。冥冥之中,这些草木也似有灵性。

许多事情没有经历就成了往事,而未来尚在手中。经历过了,才知道风平浪静的生活是多么美好。

写 日 记

前几天收拾书房,把散落在书架上的日记本收归一处,数了数,大大小小竟有22本之多,摞起来有一尺多高。自己也有些吃惊,可不是,若从1994年上高中算起,我写日记已有二十多年。

这算得上我做的最持之以恒的一件事。

晚春如夏,热烈的阳光肆无忌惮地照进来,掠过窗台上盛开的海棠花,被抹上了红脸颊,将我和书桌完全笼罩,微尘在光影里跳舞。我安静地坐着,过去二十多年的时光,流水般逝去的生活,当真就在这厚厚的一摞本子里。

翻开日记,犹如和过去的我对话。忽然觉得,自己是一个少年和老年的奇怪合成体,前者因浩浩荡荡的回忆而曾经存在过,后者则是早已预知的大概不差的未来。那么,缺席的那一部分在哪里?是现在的我吗?其实无关紧要,过去的已然过去,未来的似曾相识,现在的我什么也改变不了。

一行行的字迹如我的成长,由最初的稚嫩拘谨到拿捏作态,渐渐挣脱羁绊放手尝试,再到渐渐成型固化。当年常被人称赞,自己也颇为得意的书法,现在看来,其实是井底之蛙,幼稚得可笑。这些文字的可贵之处,在于记载了我的往事、心情和回忆,一页页和我有关的人和事背后,是不可计数的忧喜悲欢:老家房檐下的燕子窝里,来来回回迎来送走了多少只雏燕,整修房子,无奈毁掉了它们小小的家,后来细雨中常有三两只燕子飞临院子上空,啁啾徘徊不忍去;深秋佳日,母亲养的菊花开满小院,凌霜傲雪,嫣然有世外之感;夏日雨后,东湖翠盖欲滴,荷风送爽,夜晚入眠,听取蛙声一片;雪夜孤灯,我钻在如麦秸垛般的被窝里偷偷读《射雕英雄传》,没喝完的热水一早结了一层冰花;研究生毕业前夕,忍着低烧,喉咙发炎,清晨踏着没膝的积雪,忐忑不安地赶火车去面试;暑假返校,一场暴雨,偌大的长途车上只有我和一位白衣胜雪的女孩子,多年以后,她成了我的妻⋯⋯这里有少年不知愁滋味的装腔作势,有大学毕业工作无着时的迷茫困顿,有攻读学位时的踌躇满志,有现实中进退失据命运不能自主的无力和悲哀,有时光如流一事无成的怅惘哀伤。不过是些平淡无奇的小事,一个个鲜活的小场景,或者瞬间的念想和情绪,成不足喜,败不足惧,忧而不伤,喜而不狂,一旦化成文字,便有了存在的意义,在生命的旅途中留下或轻或重的履痕,至少于我个人而言。

大学时喜读诗,也尝试模仿诌上两句,大多是古人的成句,加上一点自己的"创造",便生造出不少"诗"。日记里记了很多,如下面这首《无题》:

  常喜相交满天下,犹忧知心有几人。
  昙花一现只余憾,半点清香何处寻。

大学三年不堪回首,在一考定终身的时代里,发挥不好,就只能接受一考误终身的现实。小学到高中,一路顺风顺水的我,高考折戟沉沙,勉强进入省内一所三流院校读专科,熬过了炼狱般的大学生活。生存的压力,现实的困窘,使我愈加孤僻沉默,心里话无人可倾诉,也不愿倾诉,这首打油诗便写于那时。后来我把它写成条幅装裱,在卧室挂了好多年。

"欲将心事付瑶琴,弦断无人听"的愁苦,想必我们都有。在过去的很多年里,我们都没有敞开胸襟去迎接未来的勇气,将来也不可能。我们都遗忘了太多事情,有的是刻意遗忘,有的是无意识地遗忘,但结果是一样的,新鲜的日子变得不再生疏,我们成熟得可怕。

日记分两种,一是写给自己看的。纪事随意,文字也灵活,有话则长,无话则短,可视为备忘录。一是写给别人看的。有意为之,写的时候用力甚勤,谋篇布局,时见匠心。除纪事外,也为传世。王闿运的《湘绮楼日记》便是如此,已失日记本色,乃沽名钓誉的工具。我的日记大抵还是写给自己看的。大学前,母亲曾偷看我的日记,为及时掌握我的风吹草动。后来成家,妻也曾看过,笑我的日记没啥看的,无非都是些刮风下雨,上班下班,今天看什么书,明天写什么东西。我笑笑,不置可否。写日记如同穿衣吃饭,成为生活习惯,某日的阴晴雨雪,舟车行止,家事人事,不知所起亦不知所终的小情小绪,当然,总还有些不足为外人道的东西。敝帚自珍,写下来就可贵。

我写日记还是受尚祥伯的影响。他出身书香门第,教过书,做过官,后来专一读书写作,在《人民文学》发表过小说,出版过散文诗集。他祖上做过清朝二品官,"文革"时他烧掉了整整一麻袋的日记书稿。现在说起来,仍心痛不已。后来他又重新拾起来,虽然颈椎腰椎劳损严重,但古稀之年,仍坚持写日记,笔耕不辍,时有诗词散文发表。中学时,我常抱怨没东西可写,写来写去总是那几句话。他告诉我莫急,写文章要有素材,慢慢从生活中积累,先学着写日记吧,一来备忘,二来锻炼笔头。在他的督促陶染下,我开始尝试写日记,一写就是二十多年。"闻事不记,释家之智;闻事辄记,史家之学。"日记即"我史",当年看似不经意的记述,甚至少不更事的无病呻吟,多年以后都可能有动人心魄和温暖人心的力量。

小时候天天盼着长大,上学后天天盼着放假,成家立业后才发觉时间很不经用,不过是墙上的日历,一张一张地撕掉,越来越薄,直到一无所有;不过是时时握在手里的手机屏幕上,一串串周而复始的数字,你麻木不仁,它吃吃窃笑。

云淡风轻的日子里,我们终日碌碌不知所为何事,总以为未来的日子还很长很长。待到几场凄风苦雨过后,才惊觉流年暗换人渐老,只能无奈归心,暗随流水到天涯。"你我都在时光的骗局中无力自拔,它让人误以为改变将在某年某月某时刻发生,其实改变从未停歇。"(小白《乡哀与城》)

幸运的是,我用日记捕捉了这些改变的细节。

以当年的一篇日记作结吧——

  2000 年 3 月 4 日 星期六

  从前的日记,很多只是零散的记忆碎片,模模糊糊,欲言又止,许多话心里清楚,笔下不敢写出来。总感觉自己在写日记时,有无数双眼睛在偷窥。我不知道这些东西写下来是否有价值,有多大的价值。但我还是坚持把它们记下来,至少,当我回首这一段人生岁月时,不会因记忆中的一片空白而后悔茫然。

  将眼睛拴在窗外/那棵老树上/然后和时间一起/逃亡

我还会继续写下去。

理　发

一

小时候,我很不喜欢理发。

我11岁之前,没上过理发店。我的头发都是母亲给我剪。母亲说,小孩子没发型,简单修一下就行,不用上理发店。

那时候我不懂"君子整其衣冠,尊其瞻视,何必蓬头垢面,然后为贤"的大道理,顽劣的男孩子更不计较收拾打扮,便自发遵循"身体发肤,受之父母"的古训,总之,交给母亲打理便是,反正我再反对也无效。

和做针线缝纫一样,母亲理发也是无师自通。母亲理发的工具很简单,没有理发剪,就一把普通的银色尖头剪刀,用的时间长了,紧、钝、涩,有时候母亲动作太快,会夹扯头发,疼得我直缩脖子。没有专用斗篷,一条蓝底白花的围裙,带着饭菜的烟火气,绕着脖子一系,就成。没有手动推剪,更没有电动推剪,鬓角、额头都是母亲一剪一剪修出来,齐齐整整。没有电吹风,不论冬夏,洗完头,自然风干。

起先我站着,慢慢我长高了,母亲探着身子有些吃力,便让我坐着。冬天还好,夏天便痛苦难耐。那时候,我们一家挤在电影院家属院的平房里,说是家属院,不过是一排坐西朝东的简陋平房,原来是存放杂物的仓库,后来隔成几间供职工居住。我们分到一大间,三十平方米左右,没有隔断,简单地用衣柜和沙发隔开里外两个空间,放上两张咯吱咯吱的大铁床,我和哥睡里头,父亲和母亲睡外头。冬冷夏热,房顶漏雨,屋内潮湿。夏天每一次理发都像受刑,屋里湿热,再勒上密不透风的围裙,电扇虽然开着,但只能远远地摇着头,几无凉意。不一会儿,我就大汗淋漓,脸上、脸子上粘着碎头发屑,浑身奇痒,站也不是,坐也不是。母亲也不轻松,满脸是汗,顺着额头淌下来,不时会糊住眼睛。每次理发少则半小时,多则近一个小时,我得一动不动地配合,那个滋味难受的呀。

我实在受不住了,向母亲告饶:"妈,能不能快点?"

母亲呵斥我:"急什么急,就你知道热!别动,再动剪到肉了。"

1990年10月,我有幸被选中赴北京参加全国第二届少先队员代表大会。这在当时是件大事,全省只有11个少先队员代表。母亲特意给我买了新衣新鞋,临行前,她本想再给我剪一次头发,后来父亲说我毕竟是第一次出远门,而且是代表河南省参加活动,得讲究讲究,还是去理发店吧。

于是,我生平第一次进理发店。

理发店还是国营,很近,就在电影院广场西边的路口。临街全是通透的大玻璃窗,屋里宽敞明亮,弥漫着洗头水、染发剂、发胶的味道。有人专门给我洗头,戴上干净的斗篷,拉我坐在洁白的转椅上,能在镜子里看到自己改头换面的过程,真是奇妙的体验。理发师是位中年妇女,面目和善,穿着白大褂,手边电吹风、电动推剪一应俱全。母亲不放心,不断提醒理发师,前头长了,后头短了,在一旁着急,恨不得自己上手。理发师笑着安慰母亲:"没事,小孩子的头我剪的多了。"但她不知母亲也是位有着丰富实战经验的理发师,有着自己的专业眼光,经不住母亲三句两句建议要求,理发师后来也手忙脚乱,乱了方寸。总之,剪得很不成功,但木已成舟,只能将就了。

少代会代表团报到当天,父亲和母亲送我去郑州。领队老师一见我,便皱起眉头,直摇头:"你们那里就没有好一点的理发师吗?"这让母亲很不安了一阵子。

我从北京回来以后,母亲不再给我剪头发了,她的理发师生涯戛然而止。

母亲不再给我理发,我忽然很不适应。

后来我猜,母亲可能觉得我出去了一趟,见了世面,长大了。

二

哥长我三岁。小时候我俩是冤家,见不得,离不得,天天置气打架。母亲严厉又不失公允,一碗水端平,每次无论谁对谁错,各打五十大板,情节轻微的吵上几句,严重的则各铺一张报纸,一声令下,每人跪上半天,各自反省,绝不姑息。

我俩打架都是为些鸡毛蒜皮的小事,战斗完毕,我会恶狠狠地指着他说:"我没你这个哥哥!"哥则义正词严地回敬我:"我也没你这弟弟!"不过转眼,我就又觍着脸,屁颠屁颠地跟在他后头,当讨厌的跟屁虫。我和哥从小打到大,没什么深仇大恨,不过还是有点影响,直到现在,生人面前我很少叫他哥,不是怨恨,是张不开口,习惯了。

哥的学习成绩曾是很拔尖的,初二那年,父亲生病住院,母亲顾不上管他,十几岁的男孩子正值荷尔蒙旺盛的青春期,心智尚未成熟,贪玩,叛逆,冲动,结交了不少朋友,心思抛锚,学习渐渐荒疏,成绩一落千丈。那阵子,家里的生活真是四面楚歌,艰难得很。母亲心急如焚,痛下杀手,让哥转学去了乡下小姑执教的中学,留级,再读一年初二。一来有人照管,二来与他的一帮玩伴拉开距离。哥自然不情愿,但别无他路,后来还是听从安排,默默去了乡下。其实,母亲又何尝忍心。

九十年代初,生活条件虽然已向好,但乡下比不得城里,生活条件还是很差。学校宿舍是大通铺,蚊虫肆虐,食堂饭菜也寡淡得很。哥一周回来一次,改善改善伙食,收拾换洗衣服。县城到学校来回四十多里地,他大多骑自行车,每次回来骑的车子都不一样,穿的衣服也常换样,宿舍的同学穿衣吃饭,不分你我,资源皆共享。回去时,母亲想让他带点水果零食、自家做的丸子之类的吃食,他都不带,带过去他也吃不到多少。

那时的哥清瘦,不修边幅,戴着眼镜,胡子拉碴,头发常一绺一绺,毫无章法地贴着额头,两边盖住半只耳朵,后头遮住衣领。我曾看过一张他当年和同学的合影,大红的背景,他戴着俏皮的牛仔帽,横握吉他立在中间,旁边两人扒着他的肩膀,偎在旁边。他一脸浅笑,两个酒窝或隐或现,眼神透着一种神秘的孤独,兀自发着光,俨然桀骜不驯的流浪歌手,又带着几分叛逆诗人的清高孤傲。

秋假,我和母亲去看他。刚下过几场雨,路旁的玉米地密不透风,偌大的校园里空空荡荡,操场的土地坑坑洼洼,深一脚浅一脚,长着半人高的野草,空气湿漉漉,草腥味儿四处弥漫。小姑住在校园里,两间房,一间兼作办公室。门前放着一只纸箱子,铺着旧棉花套,一只肥嘟嘟的猫正眯着眼打盹,毛长而白,蓝眼,煞是好看。身旁围着一窝可爱的小猫,正挤着吃奶。我问姑姑平时怎么喂它们。她笑笑说,自力更生!学校里有老鼠,它饿了出去转一转,就吃饱了,她吃饱了,小猫也就吃饱了。我吃了一惊,自己在家里享受父母的照顾,好吃好喝,哥只能独自在偏僻的乡村,虽然有小姑在身边,但更多时候像那只放养的猫一样,自力更生。我忽然很不安。

每到周末,我都巴望他回来,一来几天不见,有新鲜感,二来他回来,我就可以跟着沾光,吃上几顿难得的美餐。傍晚,在门前摆上小方桌,摆满饭菜,除了母亲拿手的烙油馍、烧茄子、甜面片儿蘸番茄酱,还有买回来的卤熟的鸡胗、鸡肝、鸡翅,或者油炸花生米,最奢侈的无非是一整只烧鸡。对我而言,最惬意的事情莫过于此。当时母亲和哥之间有些紧张,有很明显的隔阂在。一家四口一起吃饭,常冷场,有一搭没一搭地聊着,哥沉默寡言,神情木然,心里藏着很深的东西,与母亲很少交流。母亲唉声叹气,但也无可奈何。青春年少,正是头角峥嵘、极自我的时期,父母讲的大道理都懂,但就是很难顺从,很难扭转,只有长大成人,回过头看,才后悔没有听父母的话。这是每个人必然经历的过程,无法跳过,总要有。

后来很偶然的一件事,打破了他们之间的障蔽。

有一次周末,哥跑回来,吃饭时坐立不安,抓耳挠腮。母亲一问才知道,他的头上生了虱子。母亲忙起身,扒拉他的头发查看,让我和父亲帮他一个一个抠掉虱卵。这些东西小如沙粒,粘在发根,不仔细找很难发现。母亲进屋拿出剪子、梳子和围裙,给他修理头发。母亲一脸心疼,剪得格外认真,小心翼翼,一剪一剪修得很短很薄,剪完又给他烧水洗头。从前都是母亲给我们哥俩理发,哥到底比我大几岁,很早就自作主张,坚持不让母亲理发。这次他默不作声,整个过程都很配合,像一头迷途知返的牛犊子。

此后,哥每次回来,母亲都坚持给他修头发,洗头。母亲还四处打听除虱的偏方,用硫黄皂、虱子药洗,拿很细密的梳子梳头……可总是刚好一点,一回乡下,马上又死灰复燃,不能见效。我常和父亲坐在门口,替哥捉虱卵。我当时甚至把这当成一件趣事,全然不能体会他的痛苦,简直是没心没肺。功夫不负有心人,在母亲的悉心打理下,总算将虱子彻底消灭。哥与母亲之间开始回暖,他的眼光里少了提防和躲闪,整个人也明亮起来。

一年之后,哥结束了放逐生活,返回县城继续读书。学习如逆水行舟,更像是西西弗斯推巨石上山,稍有懈怠,便再难翻身。哥的学习终究不温不火,高中三年平平淡淡,后来考了本地的一所大学,毕业后回县城,成家立业。

多年以来,我其实很感激哥,他吃的苦头比我多,至少多了那一年被放逐的青春。他的前车之鉴避免了我再蹈覆辙,一路走来,常提醒我莫犯错,虽也磕磕绊绊,但少了很多波折。

那时候,生活虽然清苦,但总有这样那样的一些人和事,或快乐,或悲伤,让你刻骨铭心。

但惜夏日长

观刈麦

白居易

田家少闲月,五月人倍忙。
夜来南风起,小麦覆陇黄。
妇姑荷箪食,童稚携壶浆。
相随饷田去,丁壮在南冈。
足蒸暑土气,背灼炎天光。
力尽不知热,但惜夏日长。
复有贫妇人,抱子在其旁。
右手秉遗穗,左臂悬敝筐。
听其相顾言,闻者为悲伤。
家田输税尽,拾此充饥肠。
今我何功德?曾不事农桑。
吏禄三百石,岁晏有余粮,
念此私自愧,尽日不能忘。

六月割麦,无论如何不是件浪漫的事。

"六一"前后,天气渐热,几场干热的东南风吹过,地里的小麦一夜之间就变黄了。金灿灿的麦穗和金灿灿的太阳一样,热得扎人。

小时候,每到六月,学校会放十天左右的麦假。老家有两亩不到的薄田,像一块磁铁,牢牢地将爷爷奶奶拴在老家,父亲母亲希望他们进城生活，他们却总放不下。一放麦假，父亲母亲就带着我和哥回老家收麦子，乡下的姑姑们也来帮忙。

活儿看起来不多，但那时候还不时兴机械化，一切都要人力完成，就不那么容易了。大人们戴草帽，弯着腰，顶着火辣辣的大日头，脚下的土地热得烫脚，从垄头到垄尾，用镰刀一茬茬地割，割完随手打成捆，用平板车拉到地头。上有日头烤，下有地面蒸，其苦可知！半晌下来，除了眉眼，身子全被晒成古铜色。唯一的遮阳之所就是田垄间栽的几棵桐树，实在人困马乏，大家就斜靠在树荫下歇歇脚，喝喝水，聊聊天。这时最盼望的，就是卖冰棍的出现，他们骑自行车，驮着一个白塑料泡沫的大箱子，掀开棉褥，五分钱一支的冰棍，迫不及待地咬一大口，透心凉！

割麦子是前奏，接下来的打场才是重头戏。麦子成群结队在场上集结，在炽热的阳光下，满眼一望，大海一样波涛起伏。手扶拖拉机拉着石碾轰隆隆地开过来了，劈头盖脸地轧上去，劈劈啪啪响成一片。不一会儿，风平浪静，麦场上剩下薄薄的一层。大人们重新上阵，把麦秸秆撩起来，抖一抖，再让石碾轧一遍。火候差不多了，用木杷子清理掉碎岔断秆，待到东南风起，开始扬场。木锨你一下我一下，铲起来，扬上天，麦穗麦秸秆的碎片像雪花一样飘远，四下里像起了薄雾，金黄的麦粒哗啦啦下雨一样落下来，渐渐堆成小山。

"力尽不知热，但惜夏日长。"这些活儿都要趁着夏日天长，往前赶，不然一场雷雨过来，可就前功尽弃了。收麦子的时节，家家户户，老老少少齐上阵，大人们忙，小孩儿们也忙。我常跟着奶奶在自家的田埂上、在回家的大路上拾麦穗。乡间的土路坑坑洼洼，坎坷不平，拉麦子的平板车、拖拉机走过，颠颠簸簸，总会掉下一些麦穗。尘土飞扬，烈日当空，我跟在奶奶身后，一路晃晃悠悠捡麦穗，放进篮子里。回到家，倒在院子里，没几天，就铺了一地。奶奶用一根粗木棍来来回回地锤打，用筛子一遍一遍地筛，扒拉掉麦秸秆、麸壳，捧在手心，眯着眼噗噗地吹，最后只剩下黄灿灿的麦粒。有时候我们路过谁家的菜地，不用打招呼，随手摘几个西红柿，揪几颗茄子，撇两根黄瓜，回去午饭晚饭的菜就有了。田地虽有边界，一个村子却亲如一家。我最期待的，是每天傍晚去房后的鸡窝里摸鸡蛋，家里的三只老母鸡，每天都会慷慨地留下一两个鸡蛋。我小心翼翼地取出热乎乎的鸡蛋，递到奶奶手里，这一天才算完满。

那时候，放麦假回老家更多的是新奇和快乐，"足蒸暑土气，背灼炎天光"的艰辛永远是大人们的事。白居易至少有一颗悲悯之心，他把农人的劳苦看在眼里，哀之伤之，自己不劳不作却衣食无忧，何其不公啊！只有亲近土地，才能真正体会"谁知盘中餐，粒粒皆辛苦"的真义。许多事情都是多年以后，在回忆中品咂出一点苦中作乐的惆怅与甜蜜。

已是中伏，夏天最热的时候。夜半，仍能听见知了在窗外没完没了地叫，声嘶力竭，不胜心烦。每年夏天都觉得今年是最热的一年，可是从前没有空调的夏天，只有干热的东南风和冰棍解暑的打麦场上的夏天，又是怎么过来的呢？

如此炎热的夏季，要是下一场酣畅淋漓的大雨多好！天气预报说，这样酷热的天气会持续到月底，让人绝望。生活就是如此，看似顺理成章、很简单的事，你就是得不到。

时光已经走远了，那些曾经和我有关的人和事也已经走远，被童年打麦场上掠过的一阵阵东南风，悄悄带走。好几次我梦见在麦秸漫天飞舞的打麦场上，头裹毛巾、满脸是汗的奶奶把木锹扬起来，哗啦啦，哗啦啦，我仰起头，空荡荡的，什么也没落下。

时光电影院

一

我是看着电影长大的。这在七十年代末长大的同龄人中,实在是令人艳羡又无与伦比的乐事。

打我四岁记事起,我们一家四口就住在县电影院的家属院里。说是家属院,不过是一排坐西朝东的简陋平房,原来是存放杂物的仓库,后来隔成单间供职工居住。我们住的是一大间,三十平方米左右,空空荡荡,没有隔断。父亲简单地用衣柜和沙发隔开里外两个空间,放上两张咯吱咯吱的大铁床,我和哥睡里头,父亲和母亲睡外头。

平房冬冷夏热,冬天还好,哥俩挤在一起,抵足而眠,还能对付。夏天则闷热难耐,像蒸笼,房顶还漏雨,总也修不好。每逢雨季,外面下大雨,屋里下小雨,地上床上得放好几个盆子,叮叮当当此起彼伏。我和哥只能暂时睡在沙发上,苦了父亲母亲,他俩就坐在我们身边,随时观察雨情,彻夜难眠。屋子地面潮湿,无论冬夏,屋里弥漫着阴湿的霉味儿。床头衣柜的红漆总是黏糊糊的,我把平时攒下的硬币贰分伍分一枚一枚地摁上去,买冰棍儿、泡泡糖或者瓜子的时候再揭下来,时间长了,柜子上长满了金钱豹似的文身。天花板上的水渍像画满了云彩,一片片,一团团,一缕缕,交叉叠印,组成各种图案。每晚躺在床上,我看着头顶上展翅高飞的老鹰、会飞的马、硝烟弥漫的战场,还有眉眼含笑的少女,进入只有我自己才懂的世界。

西窗下摆着一架缝纫机,兼作我的写字台。窗外是高高的一截砖墙,围墙和房子之间围成了一条逼仄的胡同,偶尔能看见黄鼠狼在墙头,优哉优哉地踱过来踱过去。胡同里见缝插针长了几棵桐树、臭椿和枸树。夏天,枸树上一颗颗鲜红的果子在枝头点燃,像炸开的草莓,它们径直伸过来,贴到窗纱上向我眨着眼。桐树不是北方常见的泡桐,是那种青翠挺拔的青桐树,树干碧绿光滑,泛着青光,阔大的叶子分叉,如一支支方天画戟,遮天蔽日。秋风起时,树上挂满核桃大小的果实,一串串金黄的铃铛似的,风来雨至,窸窸窣窣,颇有几分雨打芭蕉满庭空的诗意。

从我家到电影院大厅西门,直线距离不到二十米,抬脚就到。晚上睡觉时,可以听见放映厅传来的电影配乐、歌声、枪炮和大声的道白,时间长了,我练就了听音辨剧情的本领,一听声音我就能知道演到哪儿了:"为了新中国,前进!"董存瑞这时一脸肃穆,手托炸药包,拉开了导火索;"日出嵩山坳,晨钟惊飞鸟。"《牧羊曲》响起,这是李连杰提着尖底的木桶来打水,在溪水边邂逅了美丽的牧羊女;《画皮》我没敢看完,但对电影里诡异阴森的配乐印象深刻,我知道女鬼梅娘该现原形了,要挖书生王崇文的心脏,不禁汗毛倒竖!

晚上七八点,电影一开场,我就坐不住了,心里像有小猫爪子在挠,写作业走神,常借口上厕所,顺道溜进大厅看电影。公共厕所在五六十米开外,每次上厕所超过十分钟,母亲就会站在大厅门口喊我的名字,只需一声,我就以百米冲刺的速度从另一个门洞跑回来,坐到椅子上,大汗淋漓,还得呼哧呼哧半天。然而一旦夜深人静,电影散场,我宁愿憋着或者在门口的下水道就地解决,也不敢一个人再去厕所。

二

父亲没上过高中,初中毕业即到乡里的农技站工作,1969年被派到海南岛培育玉米种子,一年后回来,赶上县文化局招工,阴差阳错进了电影队,一干就是二十多年。起先,他和同事骑自行车,驮着8毫米放映机和一盒盒圆饼干盒似的电影拷贝,无论寒暑,一个村一个村地赶场。冬天冷了,就喝口白酒御寒,这也使他后来酗酒,落下高血压的毛病。直到新电影院建成,父亲才算安稳下来。

电影院建成于八十年代初,位于当时的县城中心,是县里为数不多的几幢大楼之一。那块地方叫"府前",也就是过去怀庆府衙门的所在地。大楼施工时,曾挖出一块巨大的石碑,密密麻麻刻满了字,上有龙首,下有龟趺,一看就不是凡物,我们却叫它"老鳖碑"。文物队来现场,说是明朝嘉靖年间的东西,拍了照,碑文做了拓片,因体积太大无法运走,就地砌了水泥基座,用吊车将碑重新竖起来。当时就有人说这是不祥的征兆,果然没几天,有一个建筑工人不慎跌落死亡,过了几天,不知谁偷偷把龟鼻敲掉了。我们小孩子们可不管那么多,整日爬上爬下,骑上龟背,在想象的大海里乘风破浪。

电影院原有一个旧的礼堂,建新楼时拆掉了,不知为何唯独留下了舞台和舞台的半拉顶棚。半圆形的大舞台,全是木头地板,走上去笃笃有声,是我们常去玩耍的乐园。父亲的一个同事把舞台西边废弃的小房间重新收拾一番,他的妻子在里头做裁缝活儿,很是红火,成为院里第一个买大彩电的家户。可好景不长,没两年工夫,她突然精神失常,生意也就此打住,家境很快败落,那间房子彻底弃置不用。后知后觉的人又说那地方不干净,有邪气,从此我们再也不敢去。

去年夏天我回去,那座龟趺碑还孤零零地卧在广场的西南角,碑文漫漶脱落,连碑额的大字篆书也看不清了,可惜得很。二十多年了,如故人重逢,石龟双眼含泪,我早已离开这里,而它还待在原处。

同时建成的还有一个配套的露天电影院。几百平方米的大院子,坐北朝南,用围墙圈起来,一百多排水泥凳子,用白漆喷着座号,可以容纳一千二百多人,南头矗立着一座高大的水泥银幕墙。一年夏天,母亲出差,晚上我和哥哥在露天场看电影,突然雷电交加,暴雨如注,观众一哄而散。我和哥哥被人流裹挟着,无处可逃,无助地哭喊求助。幸好被父亲同事发现,把我们送回家。父亲忙着和大家疏导观众,一切安定下来才猛然想起我们。他心急火燎地跑回家,看到我俩落汤鸡似的在门口站着,总算松了口气。打开门,屋里早灌满水,淹了脚脖子,鞋子杂物漂了一地。爷仨往外舀了半天水,实在人困马乏,就挤在床上,在水上凑合了一夜。

有段时间,哥哥在乡下跟着爷爷奶奶生活,我由父母带着在城里。母亲上班,父亲放电影就带着我。放映室在二楼,两台庞大的固定放映机顶天立地,像变形金刚。房间里的味道很特别,混合着机器、胶片和胶水的味道。父亲在一边放电影,我踩着凳子,扒着放映孔看电影。电影机是个复杂的装置,一人操控一台,配合要默契,上本拷贝快放完时,另一台机器要提前做好准备接上,慢了黑屏,快了重影,或者跳格,下边的观众就山呼海啸般的吹口哨,跺脚,起哄。遇见卖座电影,常常是一部片子两个放映点同天放映,顶多开演时间错开半个小时,中间就得有跑片员来回运送拷贝,常常是两个人,一个人骑着摩托车突突地在楼下等,一人抱着机枪弹夹似的拷贝盒子,脚不沾地,上楼下楼。然而人力操作,难免百密一疏,有时机器故障,或者胶片突然烧断,难免断档,影院会预备一些短片,多半是老电影,或者动画片,以防万一,在空档期顶上去。那时候放电影,不光是技术活,也是体力活。我一边看电影,一边替大人操心,一场电影看下来,手心都是汗。

三

八十年代,看电影还是件奢侈的事。虽然门票不过一两毛,后来涨到五毛、一块、两块,但毕竟资源有限,娱乐方式也极贫乏,能经常走进影院看电影的仍然是少数。我要幸运得多,守着电影院,随时可以享受这难得的精神食粮。《少林寺》上映时,万人空巷,一票难求,许多亲戚朋友来找父亲走后门买票,我却记不清看了多少遍。

当然,看电影也有底线,涉及男女情爱的电影,父亲母亲是严厉禁止我去看的。即便如此,《红高粱》和《芙蓉镇》这些当年的禁片,我还是偷偷看了个大概。其实,这些电影我看不大懂,看《红高粱》搞不清电影里那个始终存在又始终不存在的叙事人"我",不明白电影里的巩俐到底是"九儿",还是"我奶奶",只记住了残阳如血,火红的高粱地里,刚刚还是男欢女爱、酣畅淋漓的野合,接下来就有一群老少爷们抱着一坛坛高粱酒,赤着脊梁,冲向日本鬼子的汽车。当然,我记住了那句粗鲁但过耳不忘的"妹妹你大胆地往前走哇"。《芙蓉镇》更是乏味得很,"文革"、右派、富农、走资派,我一概不懂,只隐隐觉得人心险恶,但只会在电影里发生,现实里不可能有那么坏的人,刘晓庆和姜文爱得你死我活,惊心动魄,我却看得昏昏欲睡。

小学四年级时,我曾带着班上的二十多个男生打着"学雷锋义务打扫卫生"的旗号,浩浩荡荡地去看了一场免费电影。事后我还缠着父亲给我们写了一封言过其实的表扬信,一次假公济私让我一举成名。

电影也不是万能的,欲知天下事,还得看电视、听收音机。家里没有电视机,只有一台父亲单位淘汰的扩音机,可以听广播。我习惯中午一边吃午饭,一边听袁阔成的《三国演义》。一日听到为躲避袁绍的追兵,关云长保护刘备逃至卧龙山下,探路的周仓大败而返,刘备欲带人上山巡查,忽然闪出一人,"刘备大叫一声,险些栽下马来!"正好奇,不料袁阔成一句"欲知此人为谁,且听下回分解",心里顿时凉了半截,只得抹抹嘴,意犹未尽地上床午睡,半天心里都嘀咕。好不容易挨到第二天中午,听袁阔成说,只见山上闪出一匹搏龙驹,马上端坐一员大将,银盔银甲,手握亮银枪。哦,这不是常山赵子龙嘛。

父亲母亲喜欢乒乓球、排球,看不到比赛直播,就听比赛。一家四口一边吃晚饭,一边紧张地听宋世雄的解说,跟着球场观众的欢呼喝彩,想象着比赛画面。虽然看不到,也不耽误喊"好球!好球!"陈龙灿、江嘉良、郎平的名字就是那时候记住的,那个时代,这些人都是民族英雄。1987年世乒赛,江嘉良大战瓦尔德内尔,最后一局16比20落后,眼看大势已去,屋里的气氛骤然紧张起来,父亲不忍再听,推开饭碗,黯然起身离开。谁也不说话,只听见宋世雄嘶哑的声音:"江嘉良发球侧身抢攻,瓦尔德内尔接球下网,17:20! 18:20! 19:20! 20:20!"最后竟然一直打到24:22,江嘉良反败为胜。真是煎熬的一刻,那种惊心动魄无法形容。只闻其声,不见其形,只靠脑子来想象的比赛,又是如此荡气回肠的经典大战,此后我再也没有经历过。

四

我没上过一天幼儿园,每天父亲母亲上班,在门口给我搬个藤椅,一个小板凳,留几十道算术题,把我拴住。完成任务,我就拿粉笔在地上乱画,飞机大炮,武打动作,天马行空。父亲看我喜欢,就带我去找金师傅,一来给我找点事做,二来也不用担心我乱跑。

金师傅是电影院的美术师。他当时四十岁左右,身形消瘦,谢顶,目光清矍有神,一口金牙,说话中气足,十分响亮。金师傅没上过专业学校,全凭自学,电影院大大小小的海报招贴都出自他手。尤为可贵的是,他能画巨幅海报,悬挂在影院大楼外墙的那种。他画的《少林寺》海报我一直记得:李连杰虎目圆睁,面露杀气,一招醉拳中的仙人敬酒,身体左倾,看似重心失势,实则半倾半斜,似倒非倒,以倒取势,劲力内蕴而令人生畏。背景是肃穆辽远的少林寺塔林,残阳如血,火光映天,预示着千年古刹的腥风血雨,真是精彩! 这幅海报一挂就是好长时间,一度成为影院的招牌。

他的书法也很好,不仅会写各体美术字、横幅标语,还能写潇洒的大字,颜体的底子,陈天然那种骨气开张、笔墨饱满的大字。他把美工纸给我剪裁装订成一个个小本子送给我,很耐心地在白纸上画满匀称的竖格，让我拿回去用钢笔临摹《兰亭序》。至于画画，他没教过我什么，只是告诉我认真观察，脑子里怎么想的就画出来，不用考虑像不像，只要有趣就好。小学一年级时，我参加学校的画画比赛，画的是几辆虎视眈眈的坦克，冒着烟一字排开，头顶上几架战斗机盘旋。画完，我请他帮我取个名字，他很仔细地端详了半天，拿铅笔在坦克履带下面添了几笔，说，坦克很重，轧在路上是有印的，飞机坦克都有，就叫奔赴前线吧！后来真得了一等奖，不是我画得好，而是当少先队大队长的哥哥替我走了后门。

他的画室在二楼，是一个狭长的大屋子，一张一米多宽三米多长的画案占去了大半，到处都是墨水、油彩、水粉、成摞的五颜六色的海报纸，墙角搁着一张钢丝床。每部电影上映，电影院都要提前到大街小巷贴几十张海报，写明片名、主演、开演时间地点和票价，如果是重点影片，还要做大型海报，挂在宣传车的两边，串街走巷，广播宣传。写写画画的工作量是很大的，通宵达旦是常有的事，都由他一人完成。金师傅名气渐大，好多参加美术高考的孩子都投到他门下，一无学历二无头衔，这在当时也是很少见的。

后来金师傅突发脑出血，不到五十岁就去世了。如果活到现在，他肯定早已成名。一想起他，我就想起《天龙八部》里的扫地僧。

五

北边邻屋住着两位老人，男主人姓黄，五十多岁，大人们叫他老黄。他的爱人我记不清姓什么了，当过小学老师，他俩很和善，一笑给人如沐春风的感觉。老黄原先在天津部队上，听说还是位团长，"文革"时被打成右派，后来转业，安排到我们县文化馆。有一双儿女，都不在身边。他常穿一套呢子军装，有些褪色，但仍很周正整洁，走路常背着手，稳健挺拔。

老黄很会莳弄花草，闲时把平房前的空地翻了几遍，找些红砖，一字斜插,装饰成一个波浪似的大花坛,定期弄来豆饼,搅碎,洒进土里,再浇水。花坛里种的是月季、鸡冠花、朱顶红,最好的是菊花。零落黄花满地金,印象里的菊花都是黄色,老黄种植的菊花却很缤纷,绛紫、粉红、雪白、淡黄,样子也多样,卷瓣、平瓣、垂丝,根茎肥壮,花叶茂盛,灼灼有生气。真叫人开眼。菊花开得好,惹来路过的人驻足观看,晚上电影散场,总有人趁夜色把花朵掐掉,甚至连根拔起偷走。邻居们都很气愤,老黄倒不怎么生气,笑笑说,没事没事,花偷了可以再种。

他还在花池的边边角角种些芫荽、韭菜、蒜苗,招呼邻居们吃饭时薅一些下饭。角落里还有一丛薄荷,夏天泡茶喝,这个倒不常见。他让我喝过一回,入口清凉,带着麻味,和薄荷糖一样。他爱人做的薄荷炒鸡蛋我也尝过,但那种麻苦味太冲,我降不住。

可能在天津待久了,他的口音很特别,普通话夹杂着豫北的方言土话,说起来抑扬顿挫,让人想起私塾里摇头晃脑念书的先生。他常招呼我去家里玩,我也喜欢去,他那里有很多宝贝,花花绿绿的小人书,《成语故事》《福尔摩斯探案集》,还有印着毛主席语录的《十万个为什么》都是在他那儿看的。平时家里只有父亲从单位拿回来的《大众电影》《电影故事》,我早就厌烦,老黄的宝贝为我开启了另一扇门。

后来,大概在我上小学二三年级的时候,有一天,老黄两口子突然匆匆搬走了,说是回天津探望病重的儿子。临走,他留下一纸箱子书,让父亲转交给我。

我再也没见过他们。

六

我经常捡一截胶片,就着灯光和阳光看,怎么也想不通,这些漂亮的人和风景究竟如何被印成胶片,这一格一格的胶片又是如何让人和风景重活起来。电影里的人和事难道是真实存在的吗?如果是真的,

《凤凰琴》里的张英子老师,那个深情款款、浅笑倩兮、曾让我痴痴想念的美丽老师,在哪里;如果不是真的,电影里的人生冷暖、喜怒哀乐、生老病死却分明就发生在自己身边。

电影院,足以安放我少年的幸福时光,还有对未知人生的向往。电影的光影世界建构了我对世界和生活的认知与想象,在我看来,一切都如此美好。世界远没有那么复杂,好人就是好人,坏人就是坏人,好人永远胜过坏人。直到现在,我仍然无法容忍现实的阴暗,人心的险恶,世态的炎凉。看电影让我胡思乱想,使我喜欢曲折的故事,重文轻理,数学到高中只能勉强及格。汪曾祺说自己的几何代数是桐城派,我的数学更是野狐禅。

九十年代中后期,电影产业江河日下,电影院也难以为继了。2006年,父亲离开电影院去文物局工作,后来电影院大礼堂租给家具经销商,变成了家具商场,露天电影院也拆掉,开发成商住楼。原来的老部下老同事都风流云散,只有几个年纪大的同志还在坚持,重操旧业,两个人一组,骑着电动车带着设备下乡,靠国家电影下乡的补贴勉强维持,一切又回到原点。父亲眼看着自己辛苦打拼了三十年的事业就这样崩塌,心有不甘,可又无可奈何。我不知道父亲内心到底是什么滋味,他不愿再去电影院,即使偶尔路过,也只是站在路边看看而已。父亲是个随遇而安的人,文化水平不高,放了半辈子电影,但很少真正安安静静坐下来,看场电影。他只是把养家糊口、尽自己所能照顾家里作为自己的责任,至于工作,只是一个单位名称而已。从电影院调离之后,有两年多的时间,他的工作关系一直办不好,这段时间他没有任何收入,全家的生活全靠母亲一个人的工资。当时他很颓唐,须发皆白,一个中年男人在体制强大的规训力面前,实在太渺小了。

多年以后,我无意间看了意大利电影《天堂电影院》。电影以舒缓的叙事节奏,略显压抑的格调,讲述了一个懵懂少年多多的成长轨迹,以及他和一位老电影师的故事。多多陪着老朋友埃弗特放电影,一老一少开着玩笑,互相扶持;影院失火,多多冒险从火海里救出埃弗特;多多后来回到家乡时已经是一名出色的电影导演。电影与一个孩子的童年、记忆、爱情和故乡纠缠在一起。我热泪盈眶,我看到了曾经的我,还有父亲,还有那个带给我无限欢乐的电影院。电影,足以影响一个孩子的一生,塑造他的思维方式,搭建他的梦想,甚至终其一生,都让人活在亦真亦幻的光影世界里。人生何尝不是一部电影,有些东西早已被写进剧本,不论你是谁,在电影里,你的命运轨迹永远不可能溢出短短的几十分钟,你的生活被抽离、剪辑,按照导演的意图,重新编排,你只是故事的一个角色。人生何尝不是一场电影,有时又充满未知的悬念,你不知道等待你的是开满鲜花的坦途,还是荆棘丛生的险境。正像老电影师埃弗特摸着多多的头,告诉他:"生活和电影不同,生活,难多了。"

　　电影拍摄与放映现在已数字化,不用放映员全程操控,放映厅也不再是从前那种上千人的大礼堂,换成一个个小放映厅,电影院又红火起来。父亲怎么也不肯去看,在他眼里,电影也是有感情的,没有了人的操控,就是冷冰冰的机器,现在的电影都不叫电影,和影碟机差不多。有次我问父亲,电影院仓库里堆成小山的饼干盒拷贝还在不在,那些放映机还在不在,父亲眉头一紧,脸上露出哀戚的神色,不知道,可能早都卖废品了吧。前年,父亲生病住院,为了分散他的注意力,我说服他,终于带他走进华丽的电影院,一起看了场电影,陈凯歌的《道士下山》。父亲看完说,太假了,不真实,还是《少林寺》好。

　　1995年,从电影院搬走时,母亲带回来几盆花,后来都死掉了,只有一株棕树活了下来。母亲把它移栽到卧室的窗下,后来院子翻修改造,又把它移到东北角楼梯下。刚带过来时,它只有一尺多高,水土得势,年年拔节开花,如今树干已有电线杆粗细,枝叶叠加分叉,已经长到四米多高,几乎贴着二楼的屋檐。算来这株棕树也有近三十岁了,这也是电影院和我们唯一有联系的东西了。夜里风雨时来,枝叶摩挲,沙沙作响,有时感觉像是从时光的深处传来,深邃,苍凉。

少代会往事

前日,老家县城的小学联系我,说今年学校百年校庆,想请我届时回去参加庆典,并提供当年参加少代会的照片资料,作为展览之用。我有些吃惊,时光如流,曾经就读的小学竟然也有百年了!当年赴京参加少代会的往事,早已尘封在记忆深处,很久没有被唤醒了。翻箱倒柜,好不容易把小时候的照片证书都扒了出来,照片略泛黄,稚嫩的脸庞与鲜艳的红领巾犹在,而流光已逝,当年的懵懂少年安在?

1990年10月,我有幸作为河南省11个少先队员代表之一,赴北京参加第二届全国少先队员代表大会。河南省代表团共有21人,由时任团省委副书记的孔玉芳同志担任团长。当时我11岁,正念四年级。我属于那种小绵羊式的听话学生,谨小慎微,也算是品学兼优,担任学校的少先队大队长,能忝列代表,别无优长,更多的还是幸运使然。那时候,举国上下正在学赖宁,一个勇救山火牺牲的无畏少年。那是一个榜样力量无穷大的年代,我是一只没有意识的小羊羔,在老师的教导下,义不容辞地加入学习少年英雄的行列。至于如何获得组织的垂青,有关细节,我不甚了了。只记得当时接省里通知,学校领导带我去面试了两次,因为排名在我之前的一个孩子突发疾病,无法成行,我有幸递补,实在是很偶然。

少年时代的生活清贫自足,父母从农村奋斗到城市,尚未站稳脚跟。我从没出过远门,北京,也只在电视里看过,能去天安门广场,确实有梦想成真的惊喜。母亲破例带我去理发店,花了五毛钱,给我剪了个头。在平时,都是母亲在家给我剪头:一条蓝布碎花围裙,一把并不十分锋利的剪刀,一个脸盆,一直陪伴我小学毕业。理完发,母亲又带我上街,给我买了一套新衣服。这一切简单而又隆重,而在当时,我只有在过年时才能享受这样的待遇。

我保留着当时的会议议程,大概记起北京之行的过程:

> 10月13日,抵京,入住京西宾馆。
> 10月14日,开幕式在北京人民大会堂隆重举行,党和国家领导人杨尚昆、江泽民、李鹏等出席会议,接见了参会代表并合影留念。会后,参观毛主席纪念堂、天安门,时任团中央书记处书记李源潮同志和我们合影留念。
> 10月15日,人民大会堂开会。
> 10月16日,游览亚运村,与运动员代表、影视明星联欢,邓亚萍与河南代表团座谈。
> 10月17日,游览八达岭长城、十三陵。
> 10月18日,返郑州。

当时第十一届亚运会刚刚结束,北京的大街小巷到处可见熊猫盼盼的身影。国庆的余温尚未散去,蓝天白云,花团锦簇。五天的会议,真正的议题内容我根本记不得了,对于一个11岁的孩子来讲,开阔眼界的意义远远大于会议本身,我也没有意识到此次经历的重要意义。待我从北京归来返校时,受到学校老师和同学的夹道欢迎,县主要领导还在学校召开座谈会,生平从未经历过如此阵仗,瞬间让我有些恍惚和不知所措。一夜之间我从一个默默无闻的孩子成了小县城里众人瞩目的新闻人物。老师说:"县里还没人去人民大会堂开过会,和国家领导人合过影,你是第一个。"后来走在校园里,走在大街上,总有同学熟人对我指指点点,我没觉得这是一种多大的荣誉,反而是绝大的负担,芒刺在背,感觉自己不再是原来的自己,而是成为大家时刻议论和关注的对象。

盛名之下,其实难副。从此,我顶着"荣誉"的光辉,背负着再也卸不掉的压力,念兹在兹的是"只能成功,不能失败"的信条,其中甘苦,唯我自知。初中毕业,我又以优异的成绩,被保送到县重点高中。学习一直名列前茅,但高考却不尽如人意,在苦闷中度过了三年的大学生活。大学毕业后,在电视台工作了两年,白天扛着摄像机,跟着同事师傅奔忙在各种新闻现场,内向木讷的性格让我吃尽苦头。晚上独自在出租屋里自学,准备考研,忍受孤独和无助的折磨。没有电视机,只有一台大学时买的半导体收音机,夜深人静时听听《今夜不寂寞》。实在烦躁,出去沿着清冷的长街,漫无目的地逡巡彳亍,买回几张《南方周末》《体坛周报》解闷。后来搬家离开时,报纸竟然攒了半人多高。考试前,想去学校拜访一下老师,千里迢迢赶过去,买了一堆礼物,最后被拒之门外,吃了闭门羹。在冬夜刺骨的寒风中,我在街头呆立半晌,心如死灰,要不还是放弃吧……好在这一切都被我转化成知耻而后勇的动力,我庆幸自己坚持了下来。

往事可念,岁月堪惊。当年那个懵懂少年,已近不惑之年。回首当年,找不到昔日心跳加速的兴奋和激动,只留下岁月淘洗后的平静和沧桑感,当年的经历并没有带给我荣耀和辉煌,而是重压之下的挣扎与自我救赎,注定成为我人生中最可宝贵的记忆之一,刻骨铭心。

如今进入电子时代,照相早已告别了胶卷,成为随拍随看的电子图像。我想还是把当年的照片翻拍一下,原件交给学校保存吧,对我个人而言,这些东西早已没什么特殊的意义和价值。我翻看这些照片,感慨的是,当年与我同行的少年朋友,早已叫不上名字,天各一方,想必如我一样,成家立业,生活着各自的生活,幸福着各自的幸福;他们也会如我一样,时常回想起二十多年前的那些少年往事吧。

第五辑

万里行记

下　扬　州

四月,春仲。接连下了几场雨,轻寒脉脉,新绿生时正是落红无数,俨然有初秋之意。

我们一行四人,先赴南京。动车很快,四个小时便到南京。晚饭后,饮酒微醺,乘夜色直奔秦淮河。十里秦淮,六朝金粉,灯火蜿蜒如蛇,人流熙熙攘攘,两岸商店鳞次栉比,广播里放着江南风味的浅吟低唱。夫子庙近在眼前,眼前热闹的街市似曾相识,苏州七里山塘、开封龙亭夜游,仗着花红柳绿变化多端的灯光,撑几只画舫游船招揽游客,大都如此吧,毫无新意。我有些失望。当年读俞平伯、朱自清《灯光桨影里的秦淮河》,"婉转的凄怀""徘徊的低唱"是我向往的,自那时起,秦淮河在我的印象里,应该是这样的:"潮长波平岸,乌啼月满街。一声孤棹响,残梦落秦淮。"如今繁华自有繁华处,但清朗澄净的秦淮河已杳不可寻。

夜宿南京师范大学仙林校区。夜半,窗外雷声隆隆,下起大雨,一直持续到东方微白。早起赶车,于一路烟雨中,匆匆作别南京。六朝繁华之地,历代帝王之家,金陵风味,还是留待下次细细体味吧。

南京到扬州,只一个小时的车程。骤雨初歇的扬州城,空气清冽,满目青绿。时值扬州旅游节,大小宾馆皆客满,好在大学同学事先做好了功课,我们的落脚点就在瘦西湖边上。

下午游瘦西湖。瘦西湖类似开封龙亭、清明上河园,为便于游客观览,将景点整合一处,徐园、小金山、法海寺、二十四桥、白塔晴云、玲珑花界……"两堤花柳全依水,一路楼台直到山。"一步一景,错落有致,有四十二景之多,但已与李斗《扬州画舫录》所载的地理方位大相径庭。好在大多文物遗迹仍保留原貌,每个亭台楼榭,都有一段曲折的经历、动人的故事,随处可见乾隆、金农、阮元、郑板桥、汪士慎等帝王名士的题鉴楹联,人因景名,景因人传,江南风景这一点是最让人留恋的。琼花如雪,绣球如玉,在欣赏如画的风景时,莫忘记向她询问曾经的千年过往与旧时韵事。

晚上,与好友坐黄包车夜游古街小巷,在东关街吃正宗淮扬菜,大煮干丝、咸水老鹅、扬州炒饭、狮子头,其味清淡,精致细腻,倒是与扬州风土契合。穿行在逼仄的小巷,不时会与众多文化名人相遇:史可法、包世臣、刘师培、王柏龄、朱自清……旧时王谢,奈何已成陈迹。如今,小巷早已成了旅游购物消费的所在,新旧杂陈、古今交错,家家开店,户户从商,仅容两辆黄包车并排行驶的胡同窄巷也成了繁华的街市。这些斑驳的老墙,凋敝的门庭少人问津,独立闹市,寂寂无声,向你诉说昔日扬州土沃风淳、人文阜盛的面貌。

"天下三分明月夜,二分无赖是扬州。"无赖二字乍听有些刺耳,其实正道出历代文人对扬州爱极生恨的嫉妒心,可不是,凭什么无边月色尽被这小小的扬州城占去了?辞别好友,我执意步行返回。夜渐深,连日阴雨,虽然已放晴,但夜云密布,影影绰绰可见月亮在云后穿行,只是一个模糊的光影,无法挣脱云雾的牵绊。我终于还是无缘得见月光下的瘦西湖。远处青山不语,一排排画舫停靠在岸边,白塔光影明灭,凉风吹来,岸边的柳树呜呜作响。空气中弥漫着绣球、琼花浓郁的香气,湖水淡淡的腥味,还有泥土湿润的气息。站在虹桥上,脚下的流水已然安睡,此时的瘦西湖是寂静的,唯其寂静,方才可听。二十四桥仍在,波心荡,只是少了一轮冷月。不知从桥东哪家酒吧里传来曼妙的轻音乐,断断续续,若有若无,在凄清夜色中缭绕往复,灯残人尽,陡然唤起一丝恍然如梦的苍凉,心头于是一紧。

梦里梦外的扬州城,我还是来了。

翌日清晨,好友叫我早起乘船,一边吃着冶春包子,喝着绿杨春,一边溯流而上,游水上扬州。长河如绳,纤细曲折,宽不过三丈,夹岸绿柳红花,新式小庭院与仿古楼阁参差互见。随处可见枝蔓丛生的紫藤,开出满树紫色的风铃,挂满枝丫;还有贴水而生的垂柳,犹自梳妆,照影自怜。晨练的老人三三两两聚在一起,吹拉弹唱,唱的是扬剧,虽然听不懂词句,但丝竹在耳,还是温婉可听。扬州城的生活,如同脚下潺潺的流水,不疾不徐,不紧不慢,人们在这小城中,三杯两盏话时光,与世无争,自得自足。

下船,又游四大名园之一的个园。个园因主人黄至筠爱竹,竹叶似"个"字得名。园中除江南园林常见的亭榭楼台,最见匠心的还是花园竹林。南方园林能有如此气魄宏大的竹林花木景观,确乎难得一见。

扬州是一座如诗的城市,只一句"烟花三月下扬州",便胜过人间无数。扬州城其实很小,但触目皆景,想要真正揣摩其风尚华丽的佳处,至少得盘桓几日。我们来也匆匆,去也匆匆,走马观花,只能得其大概而已。与大学好友一别至今,已逾十年,十年一觉扬州梦,不期然能相聚同游,虽短短两日,也是一大幸事。

身在异乡为异客,扬州虽美,天长梦短,终究还是要离开的。

离开的这天下午,又下起了雨,碧瓦烟昏,柳岸沉沉。烟雨如酥,打湿了衣衫,也淋湿了心境。夜深如墨,车窗外大雨如注,与铁轨的撞击声响成一片,伴着车厢的颠簸摇晃,宛若催眠曲。不多时,睡意袭来,意识渐渐模糊了。罢了,画船载取春归去,扬州城的那些烟波画舫、冷月波光,还有玉树琼花、亭桥烟渚,还是随她去吧,且在梦中寻觅。

慈胜寺访古

慈胜寺位于沁阳、孟州和温县三地交界处的番田镇大吴村,俗称大吴庙。大吴庙在我的老家崇义镇大张村东南,直线距离不过五六里,父亲小时候放学常去玩耍。慈胜寺偏处一隅,名声湮没无闻,但早在2001年,它就被列为国家重点文物保护单位。我很早就听父亲讲大吴庙有三绝:鲁班修庙宇、吴道子画壁画和王铎题匾额,神乎其神。不过,三位大师横跨春秋战国、唐代和晚明,想让他们在这里有交集,显然不可靠,但这座寺院一定有不凡之处。我是神往已久的。

初秋傍晚,日渐西沉,暑气略减。我和父母带着女儿,与尚祥伯、天荣姨同去慈胜寺。今年入夏以来,雨水不断,公路两旁的玉米已有一人多高,秆茎粗壮,层层叠叠,风过处,摩肩接踵,沙沙如落雨。车行路上,曲折处只闻人声,不见人影。只二十分钟的光景,便到了大吴村口。寺院隐身村东南,左右两边皆是民宅,安闲,静穆,从容。山门东侧立着全国文物保护单位的石碑,门前无人看守,随人自由进出,俨然普通的农家宅院。山门前空地上晾晒着大片的玉米,三三两两的老人赤着脊梁,围坐在台阶上吸烟喝茶,打牌闲聊,和在自家门口没什么分别。

山门看来像刚修葺不久,匾额系新加,"慈胜寺"三字笔墨平庸,黯淡无光。走进寺院,迎面一株紫檀树,高丈许,虬枝旁逸,枝叶绵密,颇有几分古意。院内正在大修,到处开膛破肚,尘土飞扬,残碑断碣散落一地,凌乱不堪。东西两边松柏成行,都是很有些年头的古木,生气犹在。父亲说,小时候这里就只剩下山门、天王殿和大雄殿了,和现在的光景差不多。

天王殿又叫无梁殿，整个建筑没有使用大梁，巧妙利用力学原理，仅用斗拱、枋、榫卯相连，将屋顶的重量传到中柱上，极其稳固，看似简单，实则极其复杂精密。老百姓把这样的鬼斧神工寄在鲁班名下，也是理所当然。殿内原有天王塑像四座，今不存。天王殿最引人注目的是残存的元代壁画：四幅彩色天王画像。四天王通高都在一米六左右，或身背弯弓，腰胯箭袋；或手执幡柄，身披鱼鳞甲；或全身铠甲，腰佩利刃；或手握法器，着兽面护身甲。天王皆青面猥发，眼漏凶光，肌肉青筋凸显，连面部髭须和盔甲鳞片这些细节也交代得纤毫毕现。长发、襟带、幡带如在云端，随风飘起，神气凛然，不怒自威，实在精彩！难怪人们都说是吴道子的杰作了。然而四天王像仅是劫后余生的一小部分而已，局部都有大小不一的残损，不是自然剥落，而是盗揭未果的痕迹。天王殿东西山墙上原画满精美壁画，在民初乱世，被地方军阀和无良商人内外勾结，剖骨扒皮，整片盗揭，后被古董商辗转贩卖出境，被欧美博物馆收藏。如今只剩下一片惨白的墙壁，以及几十个大大小小的孔洞，像一道道血淋淋的伤口，千百年来，难以愈合，述说着昔日的惨痛遭遇，触目惊心！从网上流传的照片来看，这些精美绝伦的画作，至今仍有摄人心魄的魅力，是不可再得的艺术瑰宝。我是门外汉，但我以为这些壁画不逊于网上热传的北京翠微山法海寺的明代壁画。可惜，我们这些后来者，只能从现存的四天王像想象其魅力与气魄了。

　　穿过天王殿，即为大雄宝殿。建筑通体红墙，面阔三间，进深三间，单檐歇山顶，上覆绿色琉璃瓦，四翼反翘，酷似大鹏展翅，造型庄重优美。木制构件经千年风雨，原有彩绘已荡然无存，呈深褐色，部分木柱因虫噬，底部已皲裂，渗出粉末状的残渣。大殿门头上悬挂的风字形木制牌匾，是难得的千年古物，虽金漆剥落，颜色褪尽，但古意斑斓，风神独具。据说牌匾上有落款"大元至元五年"，是中原地区现存寺院牌匾中年代最早的。我们仰视牌匾，因高度和光线问题，无法看清落款。父亲早先听老辈人讲此四字的来历，有一个民间传说。说是明代重修大殿,主持老和尚去请书法家王铎题写匾额,交代小和尚在家备好笔墨。老和尚走后,一位其貌不扬的老者来寺院参观,见有一块空白匾额,便问小和尚匾上写什么字,小和尚说要写"大雄之殿"。趁小和尚去沏茶,老人提笔就写,小和尚回来连忙阻止:"不可!师傅说要请王铎先生来写的!"此时老人已写到"之"字最后一捺,两人拉扯不下,最后一捺顿起波折,拖出一条长长的尾巴。写完"之"字,老者不再坚持,掷笔一笑,拂袖而去。当小和尚忐忑不安时,老和尚回来了。他看到匾上的字,大吃一惊,问清原委,赶紧去追老人,已经找不到了。原来那位老者正是王铎。无奈,老和尚只得请人补上最后的"殿"字,但与其他三字还是无法媲美。我和尚祥伯仔细端详那块匾,"大雄之殿"四字厚重雄浑,大气磅礴,是成熟的颜体风范,更像出自颜真卿本人之手,与王铎的风格相差甚远。"之"字一捺似有意拖长,中间确有停顿起伏,更具跌宕之姿。这样一来,"殿"字略显局促,笔力稍弱。王铎是河南孟津人,距此不远,当年在怀庆府一带居留多年,留下了许多墨迹,应该是人们根据字体特点附会演绎的传说,这样一来便凑齐了"三绝"之说。

  殿内有一位九十多岁的老太太,满头银发挽着发髻,面目素净,精神矍铄。她一边摇着蒲扇,一边热情地给我们讲大吴庙的历史。她说大吴庙以前几乎没有外地人光顾,这几年可能网上有些宣传,来大吴庙参观的人多起来,但当地很少投钱修缮保护,日常也无人管理。她说起庙里的壁画被盗,也激动得脸颊绯红,心痛得很。大门东西两侧各存有一幅较完整的武士像,画风与天王殿明显不一致,技法也稍逊,但色泽艳丽,还是威风凛凛。我发现在东侧的武士像上,竟然有几根电线大摇大摆地穿过,线盒直接钉在壁画上!百年前,因地方军阀与无良商人的贪婪,千年瑰宝流落海外,而这些幸存的古物却因文保部门的不作为,再次毁于一旦。殿内靠西墙摆着几个简易的展板,贴着些从网上打印的关于慈胜寺和天王殿壁画的简易介绍,除此之外,再无任何文字标识。这样一个国保遗迹,似乎已被遗忘。

殿内西边的墙角里,一位眉清目秀的中学生模样的女孩儿正席地而坐,诵读经文。日暮时分,光线不甚明亮,她戴着眼镜,手捧经书,就着窗外射进来的亮光,一字一句旁若无人地大声诵读。我们有些好奇,不知她真是佛家信徒,在此修行,还是一时有心佛法,在此体验佛家真谛。不时有三两游人进来,都小心翼翼地绕过她,不忍打扰。

殿前有两通古碑,分别为明嘉靖《重建慈胜佛寺大雄殿记》和清顺治《重修毗庐殿碑记》,无遮无拦,任凭风吹雨打,碑文已漫漶不清。引人注目的是一座石经幢,分上中下三部分,刻有火焰宝珠、花卉承托、龙形怪兽等精美的图案造型。中部刻有"天福二年八月二十八日漆修毕"的文字,说明是后晋时期的古物,屹立千年,弥足珍贵。可惜也和石碑一样,没有任何保护措施。

尚祥伯是享誉豫北文坛的人文学者,也是我的启蒙老师,年近八旬,仍笔耕不辍。多年来他留心覃怀风物,走遍了怀川的山山水水,搜集文史掌故,写下了许多还原史实又意趣盎然的文字。他每到一处古迹,对碑文题记尤为珍视,将其当作追根溯源的重要资料。他嘱咐我把两通古碑拍下来,释读碑文,以备查考。

从地理位置上看,寺院前临黄河,后有太行山屏障,隔河便是著名的虎牢关,不远处邙山历历在望,山水俱佳,可谓绝好的风水宝地。据《温县地方志》载,慈胜寺始建于唐和五代之际,明大定二年、元至元三年、明弘治三年屡次重修,规模宏大,香火旺盛。寺院坐北朝南,原为四进院落,五座殿宇,自前向后逐步升高,依次为山门、天王殿、大雄宝殿、延寿殿、毗卢殿。两侧还有罗汉殿、水陆殿、伽蓝殿、地藏殿等,山门内东西两侧还有钟鼓楼。历经千年天灾人祸,慈胜寺由盛而衰,成了现在的模样。

大雄殿后头是一片空地,杂草丛生,已经用铁皮圈起来,里面堆满了新旧杂存的建筑构件,看来是要依样重修。寺院东侧则是另一片天地,一座崭新的院落,是由私人投资,按照崇圣寺原来的规制复原建造,罗汉殿、水陆殿、伽蓝殿、地藏殿、藏经楼等一应俱全，许愿池、罗汉金身塑像金碧辉煌，一尘不染。据说这些假古董建好之后要与慈胜寺捆绑收费。我们有大笔的钱用于修路造桥，用于拆迁盖楼，用于开发扶贫，可是却没有钱投入这些文物的修缮维护，这也是如今中国文化古迹的常有境遇，从来古迹多湮没，这些栖身乡野的不知名的遗存尤其如此。

近几年寒暑假，我常按图索骥，就近寻访家乡周边的人文遗迹。这些昔日盛极一时的人文胜迹挨过了千年风雨，但未必能躲过人为的破坏。日常无人知晓，倒可以本来面目示人，幽然独处，一旦天下扬名，则成了地方政府与开发商的摇钱树，一拍即合，美其名曰"以开发代保护，以保护促开发"，真遗迹变成了假古董。

殊不知失去了这些东西，我们就永远失去了与先人对话的依凭，总有一天会弄不清我们从何处来，看不清我们会到何处去。

附录：

重建慈胜佛寺大雄殿记

慈胜佛寺，温之古刹也。肇自五代，历宋元而毁于兵燹，入国朝香火始盛，宫殿郁然，焜耀相望。其大雄殿尤为奇绝，相承既久，日复倾圮。殿滋废莫举矣。岁戊寅，鲁山禅师慧莲者，偶经兹境，触目殿中，若有神动之者，遂心任其事，□罩□四，依弘资十力，得繁昌王府仪宾潘永明为之倡，萃财鸠工，相成阙善，作于戊寅冬，壬午春始毕工。厥址惟崇，殿堂惟毂，厥材孔良，画塑镂饰，□垩丹漆，炳然焕然，一新旧□，神安殿崇，力莫大此。殿成岁余，莲复南游，莫□记者。乙酉仲秋刘子北征，适道焉，遂嘱为之记。刘子曰：嗟乎！佛之泽弘矣，夫圣于西陬，施及中土，迈历千劫有□然，晋莫诸名刹。典祀□极,肄然□□,圣人者,□侈于天下□以哉!夫父子焉而亲,君臣焉而义,昆弟夫妇朋友焉而序而别而信,为之庠序以导之,为之田里以生之,为之政刑以济之。服也,而为之系;麻居也,而为之宫室;出入也,而为之舟车;食也,而为之粟米蔬果□肉。其为言也,弗晦;其为教也,弗尼。大公如天地,至明如日月,行之万世而无弊。此则吾圣人之道,佛之教其显□不若是,而实有王者存持,民日由之而不之知耳。□使吾圣人者,建极于上,吾圣人之道昭布于天下,佛之教并行于其间。尊□□□,殊宾主之体,主内外之分,严则有相,□而无相。□是虽典祀万世,得肄然兴吾圣人者,并奢侈于天下,奚病哉!予尝纵观盛状,旷睇弗极。前含远山,左襟长河,平□茫然,□莫可纪。若夫天风在竹,韵胜□王;山月入松,光俨□金。□眙眎于云间,极□□于□,顾地以神灵,□□有心悚神越,罔敢弗钦者焉。于是喟然曰:嗟乎!佛之泽弘矣,夫慧莲少从□□禅师游,绝尘幽栖,数易寒暑,以是洞明其教,颇知文章,观其用心,有足尚者。予心乐其为人,且重潘君高义,漫为记之如□云。

重访月山寺

进入中伏,天气陡然炎热起来。清晨六点,我和父亲驱车南行,奔月山寺。虽是清晨,却没有半点清凉,四下田野里已弥漫着灼人的暑气,土壤里仅存的水分在阳光下一缕缕、一团团地从玉米地、树林里、远处的村子里蒸腾起来,在天地之间氤氲起一张大网,蓄势待发。

月山寺在明月山,明月山在博爱县月山镇,离沁阳也就二十公里左右。开车过沁河桥,沿 308 省道一路向北,只半个小时的光景,便到月山镇。这里有一个巴掌大的火车站——月山站,焦枝铁路从这里经过。穿过一条逼仄的涵洞,即至明月山下。山势并不险峻,四围松柏环绕,苍翠欲滴,却很少见其他植物。迎面是高耸入云的石阶,拾级而上,过"入云"牌坊,山腰一条水渠如带,自山顶蜿蜒而来,这是有名的转山渠,又名引丹渠,建于 1975 年。在这样陡峭嶙峋的石山上,用三五年开凿如此浩大的工程,恐怕也是只有在那个人人热血沸腾的年代才有的奇迹。渠水清洌,泛着幽光,断断续续点缀着睡莲,粉红、雪白、绛紫,朵朵如粉妆玉琢,开得正盛,有一种别样的江南风韵。顺水渠环山而行,不远处,一棵参天古柏横在眼前,遍身被红丝线缠绕,挂满信徒和游客的许愿卡,盛装迎客,宛如红霞满天。

过小桥,在一片竹林花丛中,有一条幽静的碑廊,镶嵌着历代题记碑刻,多为文人雅客留下的诗文,我对这些人文遗迹最感兴趣,一一细读拍照。书法倒平常,偶有苍劲挺拔者,诗作却不俗,不乏雅致可诵者,如这首《宿明月山寺》:

丹水北来尺径长,无边山色晚苍苍。云生高阁雄中土,烟暗芳林绕太行。

刚依翠崖消佛日,漫随清夜卧僧房。结庐胜地应何计,门外红尘满鬓霜。

诗后落款"嘉靖庚寅九月望日朝邑王朝雍题"。这位王朝雍也算有明一代廉吏,陕西大荔县朝邑人,历任严州府推官、泽州知州、怀庆府同知等,为官清廉,颇有政声,相传其离任时,怀州百姓立"去思碑"以示纪念。吟诵其诗句,眼前恍然浮现这样一副图景,深秋,黄昏,残阳将尽,王朝雍一路沿丹河北上,时晚霞漫天,山色苍茫,层林尽染。夜宿月山寺。禅房清夜,佛音渺渺,顿觉自己终日碌碌,于官场之中疲于奔命,到头来除满头白发,一无所获。遍览题诗碑刻,"倦来欲枕山云卧,便脱乌纱挂赤阑"(明•唐符《登月山寺和石刻纪游诗》),"欲向禅林修净气,肯随宦海逐波流"(清•杨尔陶《游月山寺》)等诗句比比皆是,放弃利禄之心与事功之念,俨然成为主题,绵延不绝。世俗红尘多烦恼,到此清静之地,慨然生出世之想,也是古今一例。当然,这些风雅的诗句只是一时兴感罢了,更多只是"未敢全抛身内事,且图稍遣客中愁"(清•鄂容安《月山宝光寺》)而已。

穿过碑亭,沿御道上行百余米,才到月山寺山门。父亲心脏不好,走一段台阶,我陪他坐下休息。步道两侧浓荫蔽日,不知名的野花正开得热闹,时有山风四下吹拂,钻进汗津津的T恤里,遍体清凉。暑中苦热逃无所,此中清凉最难得。我俩坐着聊天,说起小时候,母亲管得严,从不允许我乱跑。有次和同学商量骑车一起去紫陵镇的小北顶风景区玩,但不敢给母亲说。晚上一夜未眠,决定铤而走险。早晨天没亮,我偷偷下楼,蹑手蹑脚地打开院门,搬出车子,像越狱的逃犯悄悄跑了。正是三月,初春的早晨,寒风凛冽,仍然冻手冻脚,我们不知疲倦地骑车来回跑了四十多公里。晚上忐忑不安地回到家,准备迎接逃不掉的责罚。出人意料,母亲没有教训我,还早早预备了饭菜,只是说:"下次想出去提前告诉我,你早上走的时候,我和你爸都知道,跑了一天,好好吃饭吧。"我又感动,又惭愧。如今我已成人,父母年迈,聊以自慰的是我可以带着父母出来走走了。

山门广场正在大修,原先凸凹不平的青石板地面被开膛破肚,连根拔起,代之以整饬划一的水泥板。上次来时,山门门楣上有明郑王朱载堉手书"明月山城",且悬挂有著名书家赵朴初所写"月山寺"匾额,大气磅礴,古意盎然,如今不知去向,整个门楣被蛮横地漆成大红色,"明月山城"四字被遮住,匾额不知为何也换成署名"少林永信"的三个半魏碑半隶书的金黄大字,臃肿无神,媚俗刺眼。再细看落款与题字,笔力相差千里,根本不像一人所写。把旧路面掀掉重铺,以水泥板代替青石板,已属没有必有,我注意到一些石板上还有古时的字迹,弃之实在可惜。将原有牌匾弃之不用,更是暴殄天物。人文遗迹重在维护,大可不必翻旧为新,如非修不可,也应在保持旧貌的前提下修旧如旧。斑驳古旧的飞檐斗拱远比俗不可耐的雕梁画栋好得多,保其旧貌已功德无量,殊不知断石残碣、古殿残垣,虽漫漶无迹,但岁月斑斓,自有古意存焉。"古殿飘鸳瓦,秋虫剥画梁"的韵致,急功近利的现代人早已无福体味。

好在寺院内部的休整尚未开始,一切如旧。此时游人不多,多为进香的信徒,以老年人居多。他们三两结伴,或坐或卧,在佛殿前祈祷、跪拜、上香。天王殿与大雄宝殿旧貌犹存,在大雄宝殿前的台阶上,一位背着背包的老者正端坐不动,闭目养神,似已入定,口中念念有词,神情肃穆,浑然不觉来来往往的游客,人声喧哗,亦不为所动。看他脚边的铺盖卷儿,想必昨晚就在这里露宿了吧。口中有佛任蹉跎,心中有佛自有佛,不知这位老人已参得几分真义。

大殿两边的碑亭皆为明代古物,顶上长满荒草,成为鸟类的乐园,砖缝中驻扎着成群的鸽子、麻雀,悠然自得地聚在一起,叽叽喳喳,日复一日年复一年,与众神一同享受人间的香火与早起的晨光。东西两侧建了几间仿古建筑,假古董,供奉着送子观音之类的神像,磕头祷告的香客络绎不绝,香火也颇旺盛。这世间众生有太多的不如意,总需有个告解之所吧。

大佛殿前有连环井。井为月山寺开山住持空相大师开凿,水面相通,二井连波,据传一井水苦,一井水甜,故曰连环井。千年遗迹,如今废弃不用,枯枝败叶充塞其间,无人打理。

大士阁位于寺庙正北的制高点,如鹰踞巉岩,雄视四方,上悬王铎题字"极目中原"。王铎当年曾幽居怀州河内,遍览山水名胜,留下诸多书法名作,为月山寺题字也在情理之中。据说乾隆皇帝曾修斋于此,并留下御笔,今已不存。登上阁顶,即可览寺庙全景,群山怀抱处,楼台参差,错落有致,既有山水园林的秀美,又有寺院的清幽肃穆。"晴霞远映千林外,禾黍平翻一望中。"远眺怀川平原尽收眼底,烈日渐高,暑气蒸腾,只见沃野千里,公路蜿蜒,星罗棋布的房屋村舍点缀其间,古人所云"银江二道"(黄河、沁河)却难觅踪迹。

阁下原有"课蜜泉",为明河南提学副使王敕开凿,泉水甘甜,引来群蜂聚集,故名之。现只存残碑,泉眼已被乱石掩埋,与连环井一样被人遗忘。这样的遗迹是最具历史感与人文价值的东西,是最动人的所在,而不是后来添造的假古董,拿捏作态,眼里看重的只是香客兜里的香火钱。然而现在的游人大多只看个热闹而已,无心关注景物的来龙去脉,更没时间领会背后的来历与故事,历史已经远去,无人记取。

寺内另有凤凰台、七星塔林,虽比不上少林寺的规模,但也别有风致,寂寞但有生气,清冷但内蕴丰厚。清代学者、怀庆人范照藜《勾漏山房诗》云:

> 明月山,在郡东北四十里,倚太行南麓,弥山皆古柏,翠色参天,颇擅一邑之胜。山上有寺,曰宝光寺,建于元泰定年间。乾隆十五年秋,圣驾巡幸河北,驻跸于此,御题匾额三,对联一。

月山寺曾有辉煌的过去，寺名也几度更易，先后称"清风寺""大名禅院""明月宝光寺"，明永乐三年更名"月山寺"，曾与少林寺、白马寺并称"中原三大古寺"。在我看来，寺院依山而建，傍水而居，格局宏大，足与少林寺媲美。白马寺名声虽大，但委身闹市，世俗气过重，境界气魄还是差一些。但月山寺的声名却很不响亮，知之者甚少，这大概与豫北内敛朴拙的民风有关吧。月山寺与世无争，千百年来，萧然独隐于明月山下，传续千年，香火不绝。大家热衷于扎堆名山大川名胜古迹，对独处一隅的小小月山寺，无人问津，我这个怀川人也直到去年才第一次来，实在惭愧。盛夏溽暑，游人稀少，寂寞冷清无人识。这也不全是坏事，人多必然招来过度开发，这难得的清静恐怕不存，泯然众人矣。

后来上网查看旧闻得知，早在2013年8月，少林寺已整体接管月山寺，开展佛教活动，拥有对月山寺寺院的投资、规划、开发、建设和管理权。方丈释永信还出席了仪式。我这才恍然大悟，原来月山寺已被少林寺收购了！照眼下这大兴土木的力度，不出两年，月山寺也会修缮一新，终日佛音缭绕，香客盈门。月山寺的门头换了，匾额自然也要换，只是少林寺方丈的"墨宝"到底配不配这千年古刹，明眼人自有公论。

我开始担心，又一座宝刹毁了，不知道昔日的古物能保存几何。下次再来，我还能不能认出它。

补记：后读李濂《明月山记》："余见寺山皆古柏无他木，怪问其故。老僧曰：'元泰定丙申，僧空相始创兹寺，乃以泥丸柏子，持弹弓四击岩谷中。今蓊郁成林，障蔽天日者，皆泥丸柏也。'"弹弓射子，遍植松柏，真是奇妙得很。

纽约鳞爪

到纽约已是凌晨。初冬的纽约,四下灯火辉煌,朔风凛冽,奇寒彻骨。

从旧金山飞纽约,原本晚上七点到达。但在离纽约只剩半小时的飞行距离时,飞机突然掉头,降落在芝加哥。原来因法国巴黎发生严重的恐怖袭击,美国机场全面加强戒备,纽约机场要求来港航班重新安检方能降落。好在飞机在芝加哥只是短暂停留,不过这一折腾,耗去四个多小时,飞抵纽约肯尼迪机场,已是凌晨两点。

酒店在纽约城郊。早起,大风仍然不止。窗外是辽阔的蓝天,澄澈无云,蓝天下是湿地,此时正是纽约的深秋,金黄的芦苇,雪白的芦花,弥望皆是,成群的白头雁在水草间旋起旋落。不远处,一条蜿蜒的铁路将湿地分割成两半,再远一点,是森林般的高楼和盘旋如带的高架桥。酒店门口,公路两旁,常有三三两两的大鸟,也多为白头雁,背着手,肩并肩,昂首阔步,悠然觅食。它们显然见多了来来往往的异乡客,人来我不惊,我行我素。

纽约不愧是举世闻名的大都会和金融中心,虽是初冬,又兼周末,行人不多,但寒冷中分毫未减其蓬勃的生气。我们随人流穿过世贸废墟遗址,原先的摩天大楼早已灰飞烟灭,遗址上建成了巨大的景观水池,水池四周镶嵌着黑色大理石纪念碑,间或摆放着几束鲜花。喧闹的街市陡然沉寂下来,大家都若有所思。当年夏天,在电视里看见大楼轰然倒塌的情景,心情很复杂,旁观者欢呼得胜的表情,忘乎所以地张牙舞爪,我实在无法理解,毕竟人无高低贵贱,任何生命都值得尊重。

秋日的阳光温软无力，走进华尔街（Wall Street）高耸入云的水泥森林里，马上如履冰窟，阴冷刺骨，建筑物都蒙上了一层灰。正是周末，平日熙熙攘攘的景象未见，街上来来往往的大多是世界各地慕名而来的游客。偶尔看到路边有卖中式汉堡等各式小吃以及手套帽子的摊贩，老板有亚洲人也有西方人，你不经意地和他对视一眼，他就会给你一个狡黠的微笑。在他们身边的货币股票债券市场中，终日刀光剑影，每日的进出以亿万计，然而这些与他们都无关。

我向来是排斥现代都市的，以为纽约不过是消费的天堂，金钱的渊薮，高高在上，嘈杂、混乱、蛮横，多无足观，亲履其地才发现并非如此。华尔街长度不到1600米的范围内汇聚了纽约证券交易所、联邦储备银行、美国洛克菲勒、摩根、杜邦等大财团大公司的办事处，个个来头不小，这里的一举一动足以影响世界金融的格局。任何从事这一行当的人来到这里，恐怕都会血脉贲张。1889年，梁启超初到纽约，使他惊异的正是"托辣斯"翻云覆雨气吞八荒的惊人伟力，留下名句："天下最繁盛者，莫如纽约；天下最黑暗者，殆亦莫如纽约。"二十世纪九十年代，红极一时的电视剧《北京人在纽约》也有句经典台词："如果你爱他，请带他去纽约，因为那是天堂；如果你恨他，请带他去纽约，因为那是地狱。"恐怕正是受梁任公的启发。

不过，在寸土寸金的华尔街，吸引我目光的却是那些老建筑，三位一体教堂（Trinity Church）、联邦国家纪念堂（Federal Hall National Memorial），还有门前那些古希腊风格的廊柱、雕像，它们矗立在这里动辄已有数百年的光阴，提醒你纽约今日之辉煌，并非一蹴而就。路旁装饰各异的酒馆公寓之间，总会有一些精致的标示牌，告诉你这幢房子已经有上百年的历史，谁曾在这里居住；有时候低头一看，脚下的窨井盖赫然竟是1800年的古物。历史的遗迹和新时代的产物之间，本来就不该剑拔弩张，你死我活，新与旧，现代和传统，继承和改造，原本就是你中有我，我中有你。可惜，大洋彼岸无数的中国城市里，遍布着忘乎所以的建筑工地,拆迁的坟场。

　　来纽约,自然要看一看自由女神像(Statue Of Liberty)。在炮台公园(Battery Park)买票登船,岸边帆樯林立,头顶海鸥翻飞,远处是横卧横跨纽约河的布鲁克林大桥(Brooklyn Bridge)。恍惚间,我竟然有到伦敦的感觉,似曾相识,尽管我没有去过英国。可能平日看多了《007》之类的电影,挥之不去的泰晤士河和伦敦桥,河岸两边参差不齐富有历史感的建筑,各种建筑风格的教堂、纪念馆、雕像、钢架桥,绿草茵茵的中央公园,遮天蔽日的参天大树,戴着耳机蒙着罩头衫晨跑的年轻人,还有河边人行道上寂寞的长椅……这些城市都有一条悠远的大河和标志性的大桥,昭示着城市乃至国家源远流长的历史。船至自由岛即折返,近距离观看女神像,神情坚毅,目光深邃,还是颇有几分庄重沧桑之感。当年张荫桓初见女神像,将其比为"观音大士",虽相去甚远,但其心仍存敬仰之情。风大浪急,冷风割面,河边鳞次栉比的高楼大厦,实无足观,和远看香港维多利亚港或上海外滩,大致无二。

　　一部《北京遇上西雅图》让帝国大厦(Empire State Building)成为青年男女寻找爱情、邂逅浪漫的胜地。我们也入乡随俗,乘坐电梯,直奔102层的观景台。正午的阳光灿烂辉煌,玉宇澄清,心神为之一畅。俯瞰纽约市,能看到你想看的一切:中央公园、哈得逊河和东河、布鲁克林大桥、时代广场、自由女神像……三三两两的青年男女极力寻找最佳角度,相拥留影,在这个最高海拔的帝国地标,遇见对的人是童话一样美好的事情。

　　沿第五大街西行,偶遇闹市中的圣帕特里克教堂(St.Patrick's Cathedral)。一座雄伟的哥特式建筑,尖顶刺向天际,通身洁白素雅,闪耀着神性的光彩。平生第一次走进教堂。辉煌的穹顶,回环往复的廊柱,灿若星河的灯火,光怪陆离的彩色玻璃画,此刻巨大的风琴奏起,如自天外的某处传来,顿时心神肃然,身体陡然一紧。外面人声鼎沸,里面却是另一世界。大家或站或坐,低头若有所思。一门之隔便是繁华的曼哈顿街市,物质财富与欲望的渊薮,少不了这样一处净土,随时接纳人们的祷告、忏悔与求救。

入夜,街灯次第亮起,走出教堂大门,抬头往西,一弯冷月从水泥丛林中跳出来,不偏不倚挂在帝国大厦的尖顶上。因巴黎恐袭,街上到处是荷枪实弹的警察,不过并不感觉到紧张。晚上车流人流多起来,但车辆行人都按部就班,各行其道,井然有序,行进的速度也不慢,看不到国内交通拥堵时你争我抢、舍我其谁的场景。

在美国,飞机上、船上、街上、商场里、酒店中,到处是中国人的面孔,中餐馆遍地开花,商场等大型公共场所还有中文标识,有笑脸相迎的中文导购,揣摩你的心思,直到让你心甘情愿掏出信用卡。于是身在他乡,毫无异乡感。旧金山如此,纽约依然如此。在信息化的今天,足不出户便能知天下事,神游世界,任何你想去的地方,都可以找到适合你的旅行攻略。旅行不再是探索未知,却变成了验证已有经验的行脚。

在纽约盘桓了几日,我依然没有搞清楚各个道路的名称和走向,英文单词的面目实在都差不多,更何况我本来就是个不辨东西的路痴。

课余,我们拜访了西点军校。学校距纽约市区八十公里开外,隐身在哈德逊河西岸的河谷中。踏进校门,丝毫感觉不到军校的威严与肃杀之气,更像是一座与世无争的经楼书院。讲解员是位温文尔雅的中年女士,金发蓝眼,蓝色的制服,红围巾,时刻带着微笑,职业又亲切。耐心地陪我们从校史馆、图书馆、教堂、操场等一路走下来,但我实在记不得多少。当时正下着雨,坐在山谷旁的石凳上,脚下是满地的落叶,厚厚的一层,如织锦彩霞,黄得富丽堂皇,黄得富有层次感,有橘黄、浅黄还有像梵高的向日葵那样金碧辉煌绚烂至极的黄,以前看油画,总不信秋天的落叶有那么美,现在我信了。面朝奔涌而来的哈德逊河,雨大风急,山谷轰鸣若龙吟虎啸,美得令人心悸。时间匆忙,哥伦比亚大学和普林斯顿大学都是走马观花,未及细细体味。倒记得那日午后,哥伦比亚大学校门口,希腊神话雕塑下,一位须发皆白的老人,穿着整洁的风衣，戴礼帽，倚着墙，一手提着塑料袋，一手捧书，也如雕像一般聚精会神地读，全然不顾身边车水马龙，人来人往。

离开纽约前，冷雨淋漓，大风不止，吹落叶满地，暗红、橘黄、青绿，耀人眼目，仿佛一片片色彩斑斓的油彩，蔓延在天地间，虽然寒意袭人，但城市却被涂抹得饶有诗意。我们在一家中餐馆吃散伙饭，餐馆隐身在一条曲曲弯弯的小巷里，凄风苦雨，灯火迷离。在异乡的酒馆里，一边是甘烈的白酒，一边是温婉的啤酒，一边是故乡味道，一边是异国滋味，在血管里交战，融合。酒阑灯灺，醉意朦胧之时，惊觉时光流逝浑不觉，美国之旅行将结束。于是心里戚戚惶惶，有些怅然若失，这时候方才有那么一点梦里不知身是客的愁苦滋味了。

下 南 洋

南洋之行,并不在暑期计划之内,是一次说走就走的旅行。凡擘画周密之事,总难逃计划赶不上变化的厄运,旅行尤其如此。暑假虽长,转瞬即逝,再犹豫两天,恐怕又该吃后悔药了。联系了一位新加坡的同乡同学兼好友,她已在当地工作多年,很热情地邀我们一家过去。妻要比我果敢得多,遂在网上查阅种种新加坡旅行攻略,订妥机票、酒店、门票,收拾好行李,整装待发。

7月21日 星期一 晴

午后,赴新郑机场,搭乘 KA741 航班飞香港。飞机晚点,到香港机场已下午 6 点,天色渐暗。机场空间庞大,商店、餐饮、娱乐设施一应俱全,提供免费 wifi,登机口座位旁设有免费手机充电装置,为缓解小朋友的旅途疲劳,另开辟多个儿童游乐区,机场为旅客提供的全方位服务令人称道。飞新加坡的航班是午夜,我们有充足的时间休整。妻出国多,对香港机场很熟悉,如鱼得水。在翠华餐厅吃完夜宵,她去逛免税店,女儿在儿童游乐区看动画片,我则在书店消磨时间。

7月22日 星期二 晴

凌晨 1 点 55 分,搭 CX659 航班飞新加坡。红眼航班,一夜无眠,朦胧间似见远处云间有闪电,照彻夜空。凌晨 5 点半,抵新加坡樟宜国际机场。7 点左右,中亚来接,他乡遇故知,分外亲切。打车进市区,公路两旁高楼大厦鳞次栉比,城铁穿梭于楼群之间,立体化的城市交通井然有序,市区绿树参天,街道整洁,空气清新,俨然现代都市风貌。好友一家住地铁站(Lake Side)边的公寓小区,他们来新加坡工作多年,丈夫F兄亦醇厚干练,事业有成,女儿四岁,得知有小姐姐要来做客,很兴奋。

下午坐地铁至新加坡市政中心(City Hall)。这里汇集了鱼尾狮广场、摩天轮、滨海艺术中心、金沙酒店等标志性景点。新加坡河两岸建筑物风格各异,色彩缤纷,彰显着多元化的文化传承和艺术妙想。适逢爵士音乐演出季,晚上在艺术中心入口大厅,观看lily of the valley女子爵士乐队演出,观众三三两两席地而坐,歌手动情演唱,乐手投入演奏,没有一本正经的繁文缛节,如此随心随性,通俗音乐、时尚艺术与大众零距离。晚上在鱼尾狮对面大排档吃辣椒螃蟹、海南鸡饭、沙爹(Sate,烤串),色香味俱佳的美食让人大快朵颐。

在灯火霓虹、水波粼粼的都市夜景中,有目迷五色、恍然如幻之感,现代社会迅捷的交通带来对世界全然不同的体认,虽相距千万里,亦可朝发夕至,强烈的时空反差并未带来强烈的异域体验,国界的概念已淡化,出国如出差,唯一的标志不过是出关入关时的那一枚枚红色蓝色的印章。

7月23日　星期三　晴　热

早起,去新加坡动物园。让人印象深刻的是打出租车,道路两旁均有等候区,出租车按次序停靠,乘客自觉排队,谦谦有礼,国内打车那种舍我其谁、争先恐后的场面是决然看不到的。动物园属于半开放型,除猛兽猛禽之外,大多数动物都自然放养,走在路上,不时可以撞见淘气的猴子在树上打盹,高贵的孔雀雄赳赳气昂昂地在路上踱步,毫无戒备的羚羊自由地穿过马路。园内山水俱佳,林木葱郁,游客熙熙攘攘,但环境清洁,未有随地丢弃垃圾现象。洗手间异常整洁,有国内游客笑谈在国内找厕所,闻着味儿就去了,在这里不行。妻还买了夜游动物园门票,因白天游玩一天,疲惫不堪,只是坐车环绕一周便无心恋战,兴尽而返。

7月24日　星期四　晴　热

上午在家休息。俩孩子在楼下泳池嬉水,我们坐在树下乘凉谈天。小区精致、整洁,楼下是公共游泳池,不出门便可享受碧水蓝天,居民短时出门也不锁门,不用担心被盗,路不拾遗、夜不闭户真名不虚传。

下午留孩子在家,我和妻去牛车水(Chinatown)。新加坡公共交通发达,地铁便利,只需一张地铁路线图,出行无忧,稍感不适应的是各处标识牌均为英语,大概能猜到意思,但有时确切含义还是拿不准,想要问问,我这哑巴英语又张不开嘴。妻这点倒比我强得多,到底是出过几回洋,几个简单的"How much""Excuse me""One more""Can you tell me how to …"屡试不爽,只管半中半英地大胆去问,竟也所向披靡。我俩一路按图索骥,在繁华街市中寻访人文古迹,瞻仰印度庙、探访天福宫、参观新加坡国家博物馆。新加坡 1965 年摆脱英国殖民统治,历史不长,华人、马来人、印度人混居,与中国有更多的文化渊源。天福宫前身为福建会馆,始建于 1839 年,建筑保持了旧貌,庙宇堂皇,香火旺盛。橘生淮南则为橘,正门两侧的门神虽宽衣博带,面目则是浓眉大眼、满脸络腮胡的南洋人形象。这些人文遗迹被精细地保存起来,在商店酒肆之间并不突兀,倒给游客以柳暗花明之感,增加了这座城市的文化厚度。

当地居民之热情好客出乎想象,见我们面有疑惑,逡巡不前,便会主动上前询问是否需要帮助,一位阿姨甚至带着我们走过一条街,指引我们到达目的地。夜幕降临,中亚带晗晗、杨子来,一同坐摩天轮。璀璨灯火织就了无与伦比的城市夜景,令人陶醉。

7月25日　星期五　晴

早上出门,至摩天轮下坐鸭子船(Duck Tour),这是一种水陆两栖的游览车,通身涂成黄色鸭子的卡通图案,是极有特色的旅游项目。鸭子船经过维多利亚剧院与音乐厅、最高法院、政府大厦,穿过林荫大道,来到新加坡河边,扑通一声跳入水中,变身一只可爱的鸭子,载着我们水中漫游,近距离观赏滨海花园、金沙酒店、滨海艺术中心、浮尔顿酒店(Fullerton Hotel)、鱼尾狮。下船,坐地铁几经周折,到克拉码头(Clarke Quay),在松发老店吃正宗肉骨茶,果然肉香汤美,回味绵长。老店门面不大,偏居小街一隅,依然挡不住慕名而来的食客,虽头顶烈日,食客仍然浩浩荡荡排成长龙。这倒印证了妻的看法,旅行在外,尽管翻山越岭,长途跋涉,但能吃到当地最好的美食,胃安处即故乡,也是旅行的意义所在。

傍晚,游览滨海花园。园中高耸入云的彩色花柱是最迷人的所在,夜色中,彩灯绽放,犹如万花齐放,不啻童话世界。

夜宿金沙酒店。妻带女儿迫不及待地奔向楼顶的天空游泳池,尽情嬉水。楼顶有巨大的游泳池、酒吧、空中花园、悠闲会所,全然别一世界。各地游客纷至沓来,聚会谈天,嬉水游戏,尽情欢乐。趴在泳池边,头顶星汉灿烂,脚下是灯火辉煌的城市,俨然天上人间,今夕何夕,令人沉醉。

7月26日　星期六　晴　热

早起,赴海滨小岛圣淘沙(Sentosa)。岛内各种休闲娱乐场所应有尽有,商品琳琅满目,正值新加坡公共假期,游人如潮。入住Machael酒店,房间甚大,设施亦舒适。稍作休整,下午参观海洋馆。馆内海洋生物应有尽有,并将一艘巨大的古代沉船与鱼类并置展出,气魄宏大,不愧为亚洲最大的海洋馆。馆内入口有一艘巨大的帆船模型,循环放映郑和下西洋的影片。其中一句解说词颇精辟:只有走出去,才知道自已到底身在何处。

7月27日　星期天　雨

清晨闻窗外大雨声,出门时已停。游环球影城。园内游乐项目丰富,不仅有实景表演、游乐项目,也有电影场景的震撼体验,过瘾得很。园区游客多而不乱,杂而有序。我尝试了一下木乃伊探险,虽然只有几分钟,但在黑暗空间如过山车般的翻转颠簸,加上逼真的视觉特效,让我魂飞魄散,大汗淋漓。下午在一处露天演出区,几位街舞表演者邀请小朋友上台互动,我们鼓励女儿也大胆走上去,和来自菲律宾、新加坡、马来西亚的几个小朋友一起表演。孩子们稚嫩的动作配以大人们幽默的伴舞,让人忍俊不禁,观众们欢声笑语,气氛热烈。杨子素来腼腆,能主动上台很难得,相信这个经历会留在她的记忆中。

晚上和好友一家看沙滩音乐激光秀。焰火、激光、喷泉和音乐,组成一幕幕美轮美奂的视觉盛宴,叹为观止,只是缺少剧情故事。演出结束,一起在沙滩散步,两个小丫头相处无间,玩得很开心,我和F兄在酒吧小酌。海风轻拂,音乐缥缈,仰头可见北斗七星,谁说唯北有斗,不可以把酒浆?酒至微醺,他告诉我,对岸灯火明灭处就是马来西亚了。

7月28日　星期一　晴

好友一家为我们在长堤(Long Beach)餐厅饯行。异乡有同乡故交盛情款待,是非常幸运的。我们盘桓叨扰多日,心甚不安,一再致谢。饭后,我们在商场购物,满载而归。入夜,与好友一家畅谈,七天时光,倏忽即逝,美好时光总是如此短暂。乱云如草月如镰,是夜无眠。

7月29日　星期二　晴

清晨5点起床,F兄送至楼下,叫来出租车送我们赴机场,握手告别。8点坐CX2710航班飞香港。中午12点半抵港,住尖沙咀。尖沙咀属香港商业繁荣之地，寸土寸金，酒店房间狭小逼仄，仅容下两张床，简直让人透不过气。天气溽热，各种错落叠加的灯箱广告耀人眼目，车辆川流不息，人潮汹涌，路人皆行色匆匆。置身街市，身心骤然紧张，新加坡的松弛状态不复存在。不过映入眼帘的中文标示，以及说粤语、普通话的游客，还是让人有回家的感觉。

夜游维多利亚港，观看幻彩咏香江灯光表演。香江岸边人山人海，几无立锥之地。对岸楼群霓虹彩灯竞相开放，随音乐闪烁变幻，江上彩色游轮穿梭往来，颇为壮观。迷离灯火绵延一线，灿若星河，与新加坡夜景各有千秋，不分伯仲。

返回途中，经过山林道一家文具店，门前一摞纸箱上仰面躺着一只大白猫，双眼微闭，四脚朝天，身体蜷曲呈"C"状，旁边有店主人的字条：小心猫爪。路人不时停下观看，它也不为所动，睡眼眨也不眨一下。真是闹市喧嚣，我自酣睡，红尘纷扰，与我何干。

7月30日　星期三　晴　热

早起出门，便觉热浪炙人。步行至太平山脚下，坐缆车登山。缆车随山势一路向上攀爬，最险处几乎有三十度。下车看温莎夫人蜡像馆，众多明星、政要栩栩如生，游人争相合影。又登至山顶观景台，海光山色，城市风光尽收眼底，阳光暴晒，酷热难当，匆匆下山。返回途中入圣安德烈堂参观。这座始建于1905年的哥特式建筑，红砖白顶，绿树环绕，安静自在，坐落于闹市，守护着难得的清净之地。在教堂小坐，肃穆的耶稣十字像，高大的彩绘玻璃，整齐古旧的座椅，踏入室内，即使你不是教徒，心里很自然也会平静下来。

中午，在海防路辗转找到元气日本料理，生鲜鱼肉、寿司沙拉，美餐一顿。尖沙咀街道纵横，商铺密集，遍布各种小食店，门面不大，各有特色，鸡蛋仔、许留仙甜品、翠花餐厅咖喱牛腩粉、源记茶餐厅的牛腩面和烧鹅，都味道极佳，令人难忘。香港和新加坡一样，都是消费娱乐的天堂,吃喝玩乐,总有适合你的地方,前提是你必须有足够的 Money(钱)。

下午游香港艺术馆。正值周三免费开放日,游客盈门。正有江南城市故事明清画作、明清真品瓷器展,皆为真品,大饱眼福。

回宾馆时,在尖沙咀地铁口一商场内,竟发现一处商务印书馆的书店,大喜过望。书店很大,读者或站或坐,无人喧哗。浏览一遍,发现港版图书价格很贵,但很多版本内地看不到,买书四本。

7月31日 星期四

中午 12 点 55 分乘 KA740 返沪。为期十天的南洋之旅圆满结束。

自 1876 年郭嵩焘出使英国始,历任出使大臣乘船赴欧履职,香港、新加坡都是必经之地,当时的香港帆樯林立,商贾云集,新加坡虽为蕞尔小岛,但气象整肃,已露峥嵘之象。郭嵩焘在新加坡停留期间,受到英国总督哲威斯的欢迎,以及华人商界领袖胡璇泽的盛情款待,并参观了胡氏庄园和洪家花园。时至今日,当年的遗迹已渺不可寻,香港、新加坡已为东南亚旅游胜地和世界金融贸易中心,弹丸之地,亦有惊人伟力,历史之风云变幻,实不可测。虽然只短短十天,但自繁华现代之地返回,在飞机上看看窗外灰蒙蒙的天,还是有几分梦想回到现实的感觉。

大理日记

星期二　腊月初八　晴

很早就定下南下大理的行程。

一冬天的风和日丽,昨日突然变天,彤云密布,天地遁形,寒风割面,一场大雪蓄势待发。好在今天早上大雾散去,飞机按时起飞,一切顺利。

从郑州到大理,2300多公里的距离,3个小时的飞行,穿越了半个中国,跨越冬天进入春天。走下飞机,柳暗花明,灿烂的阳光毫无遮拦地照射大地,到处是撼人心魄的蓝,天是蓝的,洱海是蓝的,起伏的苍山也是蓝的,在天地之间肆无忌惮地蔓延。顿时感觉自己脱胎换骨,像蜗牛扔掉了背上的壳,老牛挣脱了沉重的犁耙,身心一下子松弛下来。这真是奇妙的体验,几个小时的时间,便让你经历了寒暑阴晴,在一个陌生的地方开始一段新奇的旅程。只要你想,就没有什么不可能,这就是齐格蒙特·鲍曼所说的流动的现代生活,充满未知和不确定性。

预定的客栈隐藏在古城南门外一片交错纵横的小巷里。一座安静别致的小院,白族民居风格的三层小楼,院子里有一间小凉亭,摆放着茶叶茶具,房客可自便。茶花、白玉兰开得正艳,走廊上挂着一串串红灯笼,很有几分春节将至的喜气。坐在客栈阳台上,东面是一望无际的洱海,西面是白雪皑皑的苍山,平日在雾霾里挣扎太久,顿时感觉玉宇澄清,心神豁然开朗。在秋千上小憩一会儿吧,柔软的阳光洒在身上,瞬间觉得生活如此美好。

微信朋友圈里到处欢声笑语,家里这时候大雪纷飞,大家都在雪地里撒欢。等了一个冬天,大雪姗姗来迟,我们前脚走它后脚来。在蓝天下阳光里,我竟有些想念家乡的雪。鱼和熊掌不可兼得,我太贪心了。

下午三四点,阳光依然灿烂,而月亮已早早出现在天空,泛起鱼肚白,悠然自得地俯瞰众生。不过,真正的夜晚来得很迟,七点半左右,天色才慢慢暗下来。然后,四下的灯火也次第亮起来,闪烁在苍山洱海间。抬头可以看见近在咫尺的星星,兀自向你眨着眼,好久没有看见这么清澈的夜空了。

夜深时,大风渐起,刮了一夜。万籁俱寂,唯有风声呼啸。

大理的夜晚很安静,但不寂寞。

星期三　腊月初九　晴

早上听到鸡叫,醒来已是八点多。在南门租了一辆双人自行车,我和妻各骑一边,杨子坐在中间,朝城外进发。翻过一小段爬坡路,便是一路下坡,车子风驰电掣,三个人一路尖叫,杀下山去,优哉游哉!

出南门往东四五公里,便是大名鼎鼎的崇圣寺。远远便看见参差矗立的三塔,掩映在蓝天白云下。居中的千寻塔为方形密檐式砖塔,共16层,如一位法相庄严的菩萨;南北小塔是一对八角形的砖塔,都是10级,像两位恭敬的行者,陪伴在菩萨身边。三塔呈犄角之势,背靠苍山,面临洱海,如象牙雕刻般精致典雅,风神独具,气象雄伟,不愧是大理的标志。蓝天、白塔、绿树、雪山、碧水,都是极纯净的色彩,没有任何杂质,组成一幅囯空灵炫目的油画,唯有大自然有此手笔。

离开崇圣寺,向东进发。骑行在苍山与洱海间,起伏连绵的苍山像横放的竖琴,一道道褶皱就是根根琴弦,被大风不时拨弄,在空阔辽远的原野中回响不息。一片片白云不时从皑皑的山尖露出头,慢慢牵手,聚敛抱团,向山下飘过来。但总被大风冷漠地吹回去,撕扯成一条条、一缕缕。大理的云仪态万千,每次抬头看都有不同的惊喜。

中午时分到达才村码头。海边有不少邻水别墅,据说那些都是演艺明星、企业家的私宅。

傍晚,回到古城,此时城内游人甚多,但不喧嚣。从洱海门进城,在人民路一间客栈前厅歇脚。一只胖嘟嘟的花猫轻轻地叫着,晃晃悠悠地走过来。我一招手,它便大摇大摆地蹦上我的膝盖,盘起尾巴,打起了盹。我抱起它,放在杨子怀里,她又惊又喜,小心翼翼地抚摸着它,不敢大声说话,怕吵了它的睡眠。不一会儿,她俩都睡着了。

看着街上来来往往的行人,恍惚觉得这些情景似曾相识,应该在哪里见过。

是不是快乐的时光总是相似的?

星期四　腊月初十　晴

在大理,时光好像一下子慢下来。阳光不温不火,清风不疾不徐,店家不紧不慢,游人不慌不忙,一切都很从容。大理城里几乎家家户户都养着猫或狗,常可见到自由自在的狗在人群里慢慢踱步,走走停停。五华楼前,一条金毛犬懒洋洋地趴在路中央打盹,熙熙攘攘的游人绕着它走过去,它连眼皮也不抬一下,只管旁若无人地做着暖洋洋的梦。

上午,我们在城里闲逛,从南门进去,参观大理兵马元帅府。这处府宅原系明清两代五百年提督府旧地,后由晚清边民杜文秀领导的起义军占据达18年之久,直至1872年被清朝镇压。如今这个建筑群已改成大理市博物馆,院内古树参天,陈列有大量书法、题记、墓志等碑刻遗迹,对游客免费开放。但游客显然对热闹的街市更感兴趣,元帅府内寂寥无人,成了一块难得的清静之地。浏览众多碑刻,发现原来"杨"姓也是云南白族大姓之一。随后穿过五华楼、洋人街、人民路,从洱海门出城,沿着城墙一路走去。随处可见白族风格的民居,白底黑字的照壁,写着"苍洱毓秀""紫气东来""书香世家""风花雪月"之类的四字吉语。宅子大都坐西朝东,斗拱飞檐,雕梁画栋,或新或旧,都别具风骨。如今商业气息渐浓,整个古城华洋杂处,中西合璧,看似老旧昏暗的老宅子里常隐藏着极具个性的书店、酒吧、餐厅,拥挤的人流中常有金发碧眼的外国男女骑着二八凤凰,来去如飞;或者入乡随俗,背个竹筐,到菜市场采购,驮着蔬菜杂物大步流星地走,泯然众人矣。

城墙外是惯常的村镇。今天是腊月初十,是个好日子,到处都有迎亲的车队,还见到路边一所魁星阁,村人们正在置办喜宴。空气里弥漫着柴火的烟味,混杂着鞭炮炸响后残留的火药的余香。今天也是好友的婚礼,可惜不能参加了,家里正是大雪纷飞的好日子,祝他们幸福。

晚上八点左右,我出门买东西。此时的古城已经安静下来,游人纷纷往城外走,白天的喧哗也变得逐渐稀疏,沉寂下来。风大起来,苍山上压下来一大片黑云,迅速蔓延,很快占据了城头的天空。不过南门口一群大叔大妈依旧悠然自得地跳着广场舞,不为所动。

天气预报说明天有雨,看来多半会应验。

星期五　腊月十一　多云

早起并未下雨,还是有几分寒意。

离开古城,租车前往双廊。一路沿着环海公路,途径周村、喜洲、上关,一个小时后抵达双廊村口。

客栈隐藏在村落深处。坐上电瓶车,沿着喧闹的村间小路一路前行,两边到处是热火朝天的工地,家家户户都忙着翻建房子,或做客栈,或开商铺,灰尘漫天。电瓶车随时会停,等当地的村人上来,政府规定当地人坐车只需一块钱。弯弯曲曲地走了好久,车子才停下,把我们放下来。同车一位热情的农妇带我们去找客栈。走进一条古旧幽深小巷,穿过一座门廊,终于到了。

我们住在二楼。脚下就是洱海,阳台四下通透,两把摇椅,一只小茶几,开着花的盆栽,精致安静,如此舒适的海景客房,确实给我们惊喜。出门好几天了,今天才真正平静下来。一路上总在想着学校没有做完的工作,手头还没有读完的书……心里总是有事,惴惴不安。现在,背靠苍山,面朝洱海,刹那间感觉什么也不用再想,也不用思考人生,先把心事清空,就这样安静地坐着,发发呆吧。

洱海像一块碧玉摔碎在高原上,在苍山的怀抱中肆意流淌,既粗粝豪迈,又温润多姿,湛蓝的海水与皑皑的雪山相依伴。在这里,睁开眼是碧蓝的水,闭上眼是海风吹拂海鸟鸣叫的声音。华丽的阳光在云层中炸开,五彩的云柱从云的手掌中射下来,海面上铺满金色的光屑,不断融化,随波荡漾。景色之美如海市蜃楼,有令人窒息的神秘,美得甚至有些不真实。

在这样温暖的午后,写下这些文字的时候,我真有恍然如梦的感觉。逃离了北方冬日的萧索、琐事的纠缠,坐在洱海边的摇椅上,让海风吹走心里的尘土,让灼热的阳光烘干心里每一个角落。

双廊确实是大理最美的地方。

晚上风很大。夜很深了,还能听到隔壁酒店里传来青年男女喝酒唱歌的喧哗。

星期六　腊月十二　小雨

上午,天色阴沉,黑云遮天,风很大,温度低了不少。

沿着水边一路走来,各式风格的酒吧、餐馆一字排开,放着怡人的音乐,招揽客人。店外的墙上常写着俏皮话和流行语"我在双廊,你在哪里""如果你也在双廊""倚窗观景只限美女",这种暧昧的心理暗示是青年人喜欢的,昭示着强烈的时尚气息。双廊,因此是年轻人的乐园,随处可见衣着光鲜的青年男女结伴游玩。

我们坐上一条小船出海。刚划出不远,忽然星星点点下起小雨,风也大起来。船主人安慰我们不用紧张,这天下不得大雨,放心就是。我们绕着南诏风情岛、玉几岛缓缓行进,到水中央时,风大浪急,船身左右颠簸,船头与浪头相撞,水花迸溅。杨子倒是喜欢得很,手舞足蹈,坐不安稳。船家一一指点我们看岸边杨丽萍、沙宝亮等演艺名人的别墅。

天苍苍,水茫茫,远处的村落都看不分明了,烟云笼罩下的苍山洱海更显出雄浑磅礴。

下午在房间看书。

入夜,风大浪急,天开始有些寒冷。

星期天　腊月十三　小雨

在双廊的最后一天。

上午阳光灿烂,我们租了两辆自行车,沿着洱海一路骑行,走走停停。洱海岸边很少有可以停留嬉水的沙滩,多半是嶙峋的山石,形态各异泡在水中的树木。还有成群结队的小野鸭在水边觅食。已近休渔期的尾声,成排的渔船停靠在岸边,渔民正在细致地检查渔网渔具,准备大展身手。蜿蜒的公路边驻扎着整齐的灯柱,属风力和太阳能两用路灯,白色的风叶呼啦啦地转动,也是独特一景。

小小的双廊古镇,存留不少人文古迹,红山寺、正觉寺、魁星阁、古戏台等,都是百年以上的老建筑,看来此地历来也是人文阜盛之地。

下午忽然雷声隆隆,下起一阵急雨。冒雨去还了自行车,店老板热情地请我们在店里避雨,给我们介绍当地的风土人情。每次出来旅游,总对当地的人事有一种根深蒂固的不信任感。但这几天在大理的生活,无论是司机、摊贩,还是路人,都很温厚朴实,并非想象中的狡诈和唯利是图。

星期一　腊月十四　晴

离开双廊去喜洲。

预定的小客栈在海边下新邑小村,离古镇尚有四公里,略显偏僻,但很恬静。

中午,安顿好行李,我们便迫不及待地骑了两辆自行车去喜洲古镇。一路上都是骑车郊游的青年人,互相微笑问候。

喜洲古镇不大，保存了旧有的古风古貌。深深浅浅的青石板路，曲曲弯弯的小胡同，长满蒿草的屋檐房顶，斑驳古旧的滴水屋檐，引人驻足。我们参观了严家大院博物馆，馆内珍藏有历代喜洲文化名人的书画作品、官赐匾额以及各种佛像等，均为实物，确实领略到当地厚重的历史和文化。

在严家民居观看白族歌舞表演，品尝白族三道茶。有意思的是，下午游人稀少，空荡荡的剧场就我们一家三口。感觉舞台上的演员是观众，被观看的反而是我们，有些尴尬。不过令人感动的是，当音乐响起，主持人还是很认真地报节目，演员们还是很投入地表演。大宅当日正在置办喜宴，当地民众可以自由出入，很快，一曲未了，剧场里就坐满了男女老少，热热闹闹。台上的演员更加精神抖擞，台下的观众指指点点，议论跳舞的是哪家的姑娘，扮新郎的俊小伙是谁，台上台下俨然一大家子的家庭聚会，欢乐极了。

三道茶喝不习惯，有太重的油腥味。

晚上的田野，风很大，寒气逼人。苍山隐身，只见淡淡的背影，洱海低语，浅吟低唱伴你入眠。对面双廊一线灯火明灭，此时的月色极佳，冷月波光，连水面的皱痕都看得分明。

星期二　腊月十五　晴

早起爬上阳台，等待日出。

说早其实也不早了，七点半，天色仍然昏暗。东边山头已经泛红，水面上很热闹了，十几只野鸭子聚拢在岸边，互相招呼着，向水中央进发。三两只小渔船来回游曳。只几分钟光景，绯红的霞光穿过云层，在水面上渲染。山水间的轻纱渐渐散开，一天的帷幕拉开了。

在大理，处处皆风景，随手一拍都是明信片。早晨和傍晚的山水像水墨画，黑白分明，舒朗写意；大部分的时间是油画，令人目眩的蓝天白云，皑皑的雪山，碧蓝的洱海，金色的阳光，每个细节都经得起仔细端详和品味。

上午,坐小船去桃源码头,在海上看鱼鹰捕鱼,喂食海鸥。"洱海月映苍山雪,下关风吹上关花。"风、雪、月都领略到了,原本以为看不到大理的花,不想在回古城的路上发现了一大片金黄的油菜花。迫不及待地下车,钻进齐腰深的花丛中照相留影。雪山花海,令人沉醉不已。如此美景,只在电视和明信片上见过,恨不能带走!

回到古城,无意间发现一间很雅致的小客栈——"微笑"客栈。这是一所幽静别致的小四合院,院门大半被茂密的三角梅覆盖,红花绿叶,开得正盛。推门进去别有洞天,正屋是书吧,放着舒缓的音乐。三两丛竹子,两棵石榴树下放着几张干净的小茶几,新鲜的菊花和百合插在案头,屋檐下配有舒适的沙发榻。接待我们的小姑娘叫小米,娃娃脸,带着厚厚的眼镜,一顶小圆帽,两颊绯红带着浅浅的笑,说话轻声轻气。

中午休息时,从窗户看到一位高大的满脸胡须的外国男人走进院子,两个人用流利的英语交谈。仔细听了一会儿,原来他来向她学习汉语。后来和小米闲聊,才知道她老家在福建,大学学的是英语,毕业后就来到大理,在客栈里工作,兼职教汉语,已经两年多了。她喜欢这样的生活,这里生活节奏慢,适合自己慢吞吞的性格,远离大城市的喧嚣,悠闲自在,可以从容地做自己喜欢的事情。

房子朝阳,正午的阳光很强烈,在屋檐下坐一会儿就浑身发烫。站起身来,发现脚边的小花架上镶着一块小木板,上面用粉笔写着"以梦为马"。

晚上在莫阿姨私房菜馆吃完饭,顺道走回客栈。人民路晚上灯火通明,窄窄的小街两旁都是各式各样的小地摊。南来北往的背包客拿一块布随地一铺,席地一坐就开张。客栈门口有卖唱的歌手。一位面目清瘦的年轻人坐在地上自弹自唱,灯光昏暗,看不清他的脸,唱的都是略带忧郁伤感的歌:《南方姑娘》《北京,北京》,在这样月色明媚的夜晚,歌声不大,但穿透力极强,总有一些声音和旋律很轻易地打动这些异乡人的心。很快,一群游客或远或近地站着,听他唱歌。我索性坐在他旁边的石头上,认真地听,听到动情处,脸上不时一紧。在古城,像他这样的年轻人极多,背着吉他走天涯,可能不是为了生计,而是追求自己自由的生活和不受羁绊的理想。

夜半,听到呼呼的风声,还有小猫的低语。掀开窗帘,惊讶地发现院子里亮晃晃的,盛满了银色的月光。

星期三　腊月十六　晴

今日立春,也是在大理的最后一天。

早上天色微亮时听到街上传来阵阵爆竹声,很快便闻到淡淡的硫黄味。起床问小米,是不是这边有立春放鞭炮的风俗。她说不是,一定是有人搬新家。上午出来逛街,果然有一户人家乔迁新居,门前摆着香案牌位,还在收拾桌椅餐具,准备宴席。一位须发皆白的老者正坐在门前写对联,几个年轻人毕恭毕敬地蹲在旁边打下手,抻纸剪裁,把写好的红红绿绿的纸张铺在地上晾干。上网查了一下,白族喜迁新居的仪式叫"奠镇迎祥",竟然如此隆重。

南门口,熙熙攘攘的人流中,"二师兄"正无聊地看着手机,也许正微信高老庄?

午后在院子里晒太阳看书。院子里的石榴树似乎一夜间长出来一身叶芽,柔嫩青绿,在阳光下闪烁。真的是春天到了。阳光很足,坐在屋檐下拿本书看,几分钟的工夫,浑身就被灼伤似的刺痛。如果愿意,你尽可以这样静静地坐着,没有什么东西可以打断你无端的想象。

院子里来来往往都是熟客,年轻人居多,还有外国人。他们简单地沏上一壶茶,坐在石榴树下,抽烟谈笑。几个男青年围坐在一起,一个梳着辫子长胡子的中年男人,满脸沧桑,闭着眼睛弹吉他。杨子在一旁听了一会儿,然后回屋拿着前几天在古城给她买的小吉他,怯生生地过去请他调弦。他很乐意效劳,认真地在大家的注视下调音、试弦、弹唱。一炷香的工夫,他弄好了,笑着向大家宣布,现在这个小玩具已经变成了一件乐器!一边把吉他还给杨子,一边很郑重地对我说,还是出巨资给孩子买一把好一点的吉他吧,也就是三四百块钱,既然她这么喜欢。

星期四　腊月十七　晴

中午 12 点 50 的飞机。

上午 10 点半,告别小米,搭车去机场。小米弯下腰抱了抱杨子,上车时,还看见她站在院子里向我们挥手告别。

飞机起飞,看看脚下起伏如海的苍山和碧蓝似玉的洱海,真有些不舍。

十天的时间说长也长,说短也短,晃晃悠悠地过去了,小小的大理城、洱海边、苍山下、古镇中、村子里都留下了我们的脚印。这样的旅行时光很好,也是一次让人留恋的经历,然而这不是我们熟悉的生活。我们的生活是千篇一律的重复,年复一年,日复一日,像一只无助的小船在洪流中随波漂荡,不是不想,而是无力挣扎。生活的确包含了无限可能和未知,前提建立在勇于改变,如果在激流中尝试改变一下航向,在某个地方作片刻停泊,歇歇脚,会有意想不到的惊喜。

再见,大理。

苏杭日记

7月12日

午后，抵杭州。热浪袭人，汗如雨下。火车站人潮涌动，摩肩接踵。对苏杭心仪已久，今日终得谋面，欣悦之情早已抵消旅途劳累。打车，一路沿钱塘江向西，路不宽，甚洁净，时因地势有起伏。路旁树木蓊郁，葱绿之中常见亭阁飞檐之一角，询之多为古迹名胜之所在。江南灵秀地，山水人文，相得益彰，确为山水佳胜之地。

夜宿转塘镇。

7月13日

午后，乘车至西湖。碧水浩渺，远山掩映，台阁水榭，云水相接。湖边点缀莲花翠盖，粉白相间，随风摇曳，一水皆香。盛夏天阴晴不定，毫无征兆大风忽起，黑云骤集，水汽氤氲，星星点点的小雨四散落下，因温度太高，触地即散，这样的小雨简直似有若无。黑云翻墨，远山半遮半掩，白雨跳珠尚未入船，已是风止云静，烈日又破空而出，酷热依旧。不经意间抬头，西南天空竟有一道彩虹！大雨未至而见彩虹，也算难得的收获。

乘船至湖心诸岛，观三潭印月、雷峰塔诸景，景色确实幽美，久仰西湖十景，想要逐一领略，无奈天热人乏，走马观花而已。

晚饭后，湖边熙熙攘攘，练唱、乘凉、打牌、散步、观光，人声鼎沸，扰攘胜过白天。四围岸上酒店商铺鳞次栉比，灯红酒绿。一边山水风光，一边商业街市，路旁时有餐厨垃圾，秽恶难闻。景因人兴，亦因人败，也是当下旅游难解之困。

夜深,坐公交车返回。车厢拥塞,我和妻轮流抱孩子,汗流浃背,无法站定。旁边一位浑身油漆的民工老兄,一言不发,从座位上站起来,指一指,示意我们坐下,没等我们感谢,他已默默地挤到车尾去了。都市繁华,离不开他们的辛劳,他们的质朴无私,更让我心生敬意。

7月14日

午后,谒灵隐寺。先登飞来峰,奇石林立,遍刻佛像,并有题记,俨然一精致盆景。我看得津津有味。这些五代至宋元时期的石刻造像精美古朴,为江南少有的石窟造像群。不过在明人张岱看来,飞来峰遍体石刻,实乃"暴殄天物,恩之骨痛"。袁宏道更是直斥如"美人面上生瘢痕,奇丑可厌"。古今异趣,文人喜好实在不可以常理揣测。杨子对这满山雕像全无兴趣,她更喜欢山脚下的潺潺小溪,光着脚在清可见底的水里戏耍。

灵隐寺景区门票80元,入灵隐寺内参观须另付30元,且无发票。"峰前峰后寺新秋",灵隐寺、飞来峰原本一处,强拆为二,重复收费,令人不快。售票亭内全是着僧袍的僧人,熟练操作着电脑、计算器,一五一十,毫不含糊。佛门清静之地早已不清静,念经诵佛之外,夹杂算盘收账声,商品经济席卷世界,早无方外之地。

寺内信众络绎不绝,香火缭绕,烟雾蔽空。有罗汉堂、济公殿,皆新建,无古趣。

出灵隐寺,赴岳湖景区,看西湖印象水上实景演出。入夜,稍有凉风,星光寥落,远山如淡墨轻抹,夜色中隐约可辨。看过嵩山禅宗少林、开封东京梦华等实景演出,相较而言,西湖印象只能说光效、音乐、场景略胜,而情节编排不及之。

9点散场,人车拥堵,水泄不通,交通几近瘫痪。黑出租横行无忌,一字长龙堵在门口,守株待兔,漫天要价。无奈,我和妻抱着杨子,步行近两公里,才遇见一辆正规出租车。一身疲惫返回住处,已是深夜11点。

夜半,一弯月牙斜挂半空,云中忽隐忽现,颇有张岱《西湖七月半》之遗韵。

7月15日

清晨即起,已是烈日当空,酷热难耐。

游杭州野生动物园。路途遥远,入乡随俗,提前预约一辆黑出租车,一路开得风驰电掣,心惊肉跳。天气炎热,园内游客不多,动物也无精打采。不过初次见到半开放式的动物放养,近距离地观察和接触动物,杨子很开心,这已是最大的收获。吃饭的地方冷冷清清,饭菜品相极差,应付了事。

日落,兴尽而返。

7月16日

上午至苏州,宿养育巷。

下午访虎丘。江南历来人文阜盛,风景亦多典故,移步换景之间稍不注意便会漏过许多故事。剑池、真娘墓、憨憨泉、虎阜禅寺、千人石、二仙亭等等,真是应接不暇,景点都很精致,但背后的故事一时半会儿讲不完,可以说是一部浓缩的中国古代文化史。颜真卿写的"虎丘剑池"和米元章写的"风壑云泉",骨气开张,风神潇洒,令人叹赏。傍晚时分,游人不多,我们游得从容。只是琳琅满目的景点汇集一处,稍显局促,难得的是都基本保存了旧物原貌,收获很大。

虎丘是苏州标志,而云岩寺塔则是虎丘的标志。"出城先见塔,入寺始登山。"这座塔建于后周显德六年(959年),算来有一千多年了,比开封的铁塔还要早。云岩寺塔踞坐于虎丘山顶,略向西北倾斜,八角形,通身灰白相间,远观如象牙雕琢,四周群山叠翠,苍然然有古意。

昔日，吴兴太守褚渊游虎丘，淹留数日，登览不足，叹曰："昔之所称，多过其实，今睹虎丘，逾于所闻。"这些话到现在并不过时，旅游景点大多只能在照片上看看，名副其实的已经不多，想要意外惊喜更是可遇不可求。

虎丘一游，不虚此行。美中不足的是，天气湿热，蚊子极多，稍一停留，便被叮咬得招架不住，终于依依不舍，落荒而逃。

拟游寒山寺，未达。

7月17日

夜游七里山塘。

妻一路按图索骥，照着手机地图寻访，终于在河畔找到蓬莱阁酒楼。店主是一位温厚长者，原本8点半打烊，见我们一家三口远道而来，着实不易，便破例迎客，又送杨子几只油炸虾。品尝松鼠桂鱼，香酥松软，齿颊留香。

天气湿热，汗湿衣衫。杨子虽小，也禁不住劳累和暑热，我和妻轮流抱着她，实在很辛苦。夜间人流不减，游春码头旁有一戏台，一人敲扬琴，一人拉二胡，唱昆曲。吴侬软语细如发，入耳绵软、熨帖，惜只闻其声，不辨其义。两岸灯火相接，灿若星火。既来山塘，自然要乘画舫夜游，虽然已是10点多，两岸居民都在自家门口闲坐乘凉，他们的日常起居和这潺潺的流水一样，不紧不慢，成为山塘风物的一部分，任你终日游客盈门，熙熙攘攘，我自西风独自凉。

7月18日

游周庄。

来苏州，不能不游周庄。因从居住地到周庄路途较远，便报了个周庄一日游的散客旅行团。旅行社以盈利为目的，到目的地，只想带你去纪念品店和餐馆消费，至于景点掌故，只蜻蜓点水。烈日炎炎，温度直逼39度,放眼望去,游客依然蜿蜒如长蛇,挤满了窄窄的小径。天热人多,确实考验体力和耐心,我们没多少兴致细细品察周庄风物,找了个小酒吧,喝茶避暑。

周庄一游,毫无所得。

7月19日

游拙政园。

苏州园林甲江南,此行不虚。园林之胜,美不胜收,周瘦鹃说,苏州园林是六朝骈俪的小品文,妙极! 我最留心各处亭台楼阁的匾额楹联,皆名家手笔。最喜卅六鸳鸯馆,为鸳鸯厅形制,是西花园的主体建筑,南为"十八曼陀罗花馆",为另一位状元陆润庠所写,一南一北,两位状元,也是难得的盛事。

卅六鸳鸯馆的匾额,便出自晚清状元洪钧的手笔,笔力劲健,不俗。此人不仅娶了名妓傅彩云,还携其出洋欧洲,看遍西洋景。后来洪钧因在中俄交涉中,大意错勘地图,致使国家受损,被弹劾降职,郁郁而终。洪大人病故后,彩云重操旧业,一时成为晚清小说家竞相描摹渲染的艳事,尤以曾朴《孽海花》为甚。小说里,洪状元不仅被戴了绿帽子,还被写成一个埋头故纸堆、不问世事的书呆子,洋相出尽。真实的洪状元并非如此不堪,其在海外为国折冲樽俎之余,尽力钻研元史,首开以域外资料补证元史之先河。

经纶不究于生前,议论亦常不公于身后,这也是无可奈何的事。

返沪。

学无所长,唯有文字自娱。近来得闲必出游,出游必有所记,大多在旅行途中草草记下舟车行止,所见所闻,归来逼着自己趁热打铁,整理出个像样的文字来,也不辜负了一路奔波与好山好水。可惜好些都是虎头蛇尾,刚开头便煞了尾,没了下文。好记性不如烂笔头,丢弃的虽说只是一鳞半爪的旅行随感,可惜的是旧时记忆与彼时情思俱杳不可寻了。

2013年夏,举家出游江南,一路战高温,斗酷暑,上杭州,下苏州,好不辛苦!但江南风景绝佳,山水可人,辛苦一点也是值得的。

第六辑 读帖识文心

王铎:故人还寄草堂诗

在众多书家之中,我尤喜明末清初书法家王铎。

王铎(1592—1652年),字觉斯,号嵩樵,别署松樵、老颠等,河南孟津人,又称"王孟津";明天启(1621年)进士,入翰林院为庶吉士;崇祯朝官至礼部尚书、东阁大学士;后又任南明弘光朝大学士;清顺治二年(1645年)在南京降清,顺治九年三月授礼部尚书,还未及就任,即卒于孟津。

我对王铎的喜爱,除了其出神入化的书法,还源自一种天然的亲近感。一是同为河南人的乡邻之谊,二是他曾于公元1640年避居怀州(今河南沁阳)东湖书舍,东湖也就是县城东北隅,我家门前的这片池塘。当时,李自成攻陷北京,福王朱由崧避难怀州,王铎尽其所能,保护大明余脉。也正因此,日后王铎才得以晋身南明次辅,最终卷入明清异代的政治漩涡中。在怀州期间,他创作了《柏香贴》《琅华馆贴册》《赠子房公草书卷》《赠张抱一行书卷》《赠张抱一草书卷》等一批经典之作。可以说,怀州的幽居生活,不仅是他政治生涯的转折点,也是其书法"五十自化"的转捩点。王铎在沁阳留下了很多遗迹,据尚祥伯说,二十世纪六十年代,他在柏香镇中学教书时,王铎著名的《延香馆贴》碑刻就嵌在学校教室的土墙里。

这里要谈的《赠汤若望诗卷》,为王铎盛年时期的行书代表作,书风老辣沉稳,矫劲多姿,是不可多得的艺术珍品。汤若望,字道未,著名的德国传教士,西学东渐先驱者之一。他于1622年抵华,后与徐光启一同参与修历工作,在中国明清两代政府中工作长达38年,顺治元年(1644

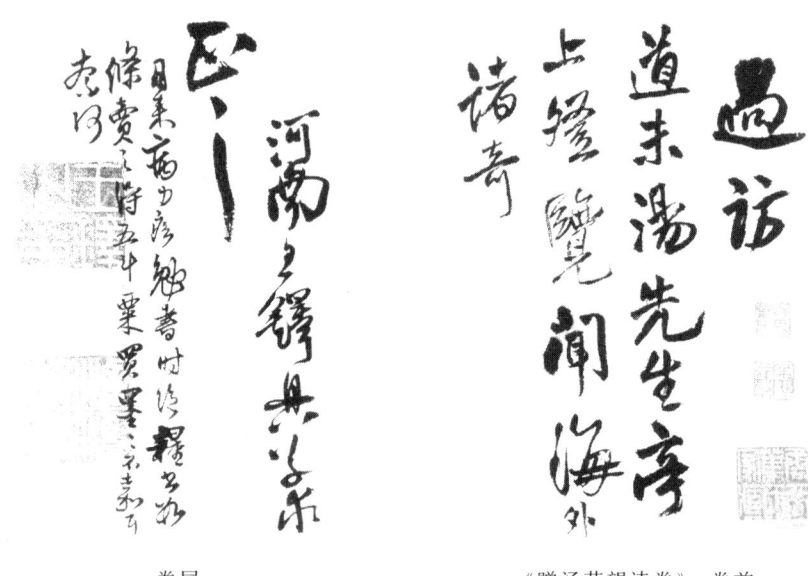

卷尾　　　　　　　　　　　　《赠汤若望诗卷》 卷首

年）执掌钦天监，1645 年，进呈《西洋新法历书》，成为中国编制农历的基础，康熙朝获敕封为光禄大夫，官至一品。王铎将精心书写的诗卷馈赠汤若望，他们的交情应该不差，二人曾同在明朝为官，有私交也很正常。

王铎此诗卷共有八首七言诗，一来赞美汤若望学识广博，表达自己对殊方异域的神往，二来吟咏自己颠沛流离的苦楚，希望汤若望能出手相助。卷末题款有这样两句：

> 道未先生学通天人，养多玄秘，心服其为人中龙象也。予曾书一卷，被盗窃去，因再书此，今裱成，再奉以赎遗失之愆，知道翁必大笑也。河南王铎具草，求正之。

原来王铎先前已为汤若望写过一幅字，不料被盗，这回又重写，精心装裱之后再送给他。这些字句除了表明他对汤氏的尊重之外，也让人觉

得有些过于谦卑了,但看到落款处则释然:

> 月来病,力疾勉书,时绝粮。书数条卖之,得五斗粟。买墨墨不嘉耳,奈何?

说来也是明朝重臣,一代书法大家,竟然到了卖字换粮的境地!细细考究当时的情况,也是事出有因。顺治二年(1645年),史可法失守扬州,福王逃往芜湖,留守南京的王铎与钱谦益等降清,后随清军将领多铎抵北京,这个帖子就写成于这个时期。据《江南闻见录》云,南京城破后,百姓群情激愤,"遂擒相国王铎,禁中城,拔须挦发,极其殴打,旋入其家,抢劫一空"。投降自保的王铎成为众矢之的,受尽皮肉之苦,幸得旧识提督京城赵之龙保护,免于一死。足见贰臣在百姓眼中无异于奸佞,王铎的日子绝不好过。事实上,王铎后来的言行也确有让人诟病的地方,如在福王被押回南京时,一众南明旧臣皆俯首跪拜,唯独他"直立戟手,数其罪恶,且曰,余非尔臣,安所得拜!"这样一番表演与其在诗文中一再吟咏的家国之丧和锥心之痛前后矛盾。尽管王铎尽力表忠心,但短时间内他不可能马上得到清朝政府的信任和重用,初入京城,在经济上的困顿,乃至贫病交加也在情理之中。

王铎在困顿之时,以手卷相赠,希望汤氏念及先前的交情,加以接济。王铎在诗卷中极力渲染生活的困窘,以至于"卖字换粮",是有求于人,不得已而为之:

> 书时二雏子戏于前,饥啼声乱,遂落数字,如龙行万壑等字,亦可噱也。书画事须深山中、松涛云影中挥洒,乃为愉快,安可得乎?

想在这样饥寒交迫、嘈杂纷乱的环境中尽情挥洒,显然不可能。何况到底能不能打动汤若望施以援手,王铎也毫无把握,担心"欲从龙拂求灵液,只恐鸾车泛海烟"。艺术家在残酷的生活现实面前只有尴尬和无助,面对孩子饥饿的啼哭,他只能束手无策,更何谈松涛云影?从这些辛酸的喟叹中,可以窥见王铎复杂的心境,既有沦为降臣的耻辱,又有对生活艰难的无奈以及对友人出手相助的希冀。汤若望后来是否真如王铎所愿,雪中送炭,不得而知。不过,这位与王铎一样的明朝旧臣、天文学家,后来因杨光先的污蔑,于1664年被捕下狱。幸因京城地震免于极刑,在康熙帝祖母孝庄皇后的保护下,终于获释,但一年之后即含冤病逝。

中国传统文人历来注重民族气节,"饿死事小,失节事大",提倡主辱臣死的封建道德观。王铎是由明降清的贰臣,在"书以人为重""人品即书品"的传统社会,王铎承受了巨大压力,背负着失节的耻辱。王铎出身寒素,一生谨小慎微,如履薄冰,凭努力晋身显宦之列,无奈生不逢时,遭逢乱世,在明清两朝的政治乱局中欲明哲保身而不可得,进退失据,不能自主。在讲究气节礼法的封建社会,他生前即受诟病,死后也落得个"贰臣"的骂名,忝列《清史·贰臣传》中。王铎曾说:"我无他望,所期后日史上,好书数行也。"表露出他心灰意冷,只想以书法寄托人生的感悟以及难以言说的苦痛。

时过境迁,当一切都烟消云散之后,我们再来讨论王铎的人品气节,褒贬不一也在情理之中,但对于他的书法艺术成就,则早有定论,已故书法家启功先生曾赞他:"王侯笔力能扛鼎,五百年来无此君。"综合考虑王铎在书法史上的成就,这绝非过誉之辞。我也主张,人品与书品应分而视之。

如今盛夏时节,东湖依然莲叶田田,荷花飘香,东湖书舍今何在,神笔王铎又何往?

张裕钊：文字虚名终底事

张裕钊（1823—1894年），字廉卿，号濂亭，湖北武昌人，与吴汝纶、黎庶昌、薛福成并称曾门四弟子，以古文与书法焜耀于世。曾国藩对其尤为称赏，赞其："好学不倦，作古文亦极精进。余门徒中，望有成就者，端推此人。"（曾国藩《求阙斋日记》）吴汝纶亦盛赞："清代足与文章之事者，姚鼐、梅曾亮和曾国藩后，唯张裕钊而已。"（吴汝纶《与吴季白》）张氏性严介，寡交游，"尝数月不出户庭，与人对坐，或移晷始一语"（张沆、张浍《哀启》）。道光三十年（1850年），张裕钊考取国子监学正学录，授内阁中书，在北京度过了一段拍张跳荡、饮酒诙嘲的生活，但性非所好，志不在此，1852年毅然辞官归里，见知于曾国藩，入其门下，淡泊仕宦，一心向学，先后主讲武昌勺庭、江宁凤池、直隶莲池、武汉江汉、经心及襄阳鹿门等书院，成就后学者众。张氏一生谨言慎行，持身约甚，穷毕生之力治文事，读后人传记评语，无不对其甘守寂寞、覃心向学的品格大加赞赏，给人留下一位在纷纭乱世中甘愿独处书斋不食人间烟火的大儒形象。

果真如此吗？

近读张裕钊家书尺牍，语多家常，近乎白话，与选入文集中的碑传铭序、论学书札等应酬文字端着架子说话、遣词造句小心翼翼、文采风流迥然不同。这些私密性的信札语及家庭琐事、友朋交谊及世态人情等毫无顾忌，信笔直书，一反其惯常刻板谨严的形象，呈现出另一番面目。

弟裕钊谨禀　保由保宁书院寄去

二兄大人侍前：八月初旬在都中接奉六月廿日手谕，知家中俱平安，并悉惟卯卿水旱二者並而有之，甚以为念。入秋以後，收成稍可否？寄到滢堂课文数篇，弟观其工夫已十有六七，四扬所谓六好惟光所改犹有过火处，寄书意殊不必如此，大抵时文理法出要大致不差便是。过於求深甚非试场所宜。且出题之法宜两单句题只要题上生动者间以截搭

一

张裕钊有一兄,名张锴,长裕钊三岁,其上还有一姐,男女共排,故信中多称二兄;有二子,张后沆、张后浍,后改名为张沆、张浍。现存家书多为写给以上三人。张裕钊一生游幕,辗转多地,朋友圈皆一时名流,师事曾国藩最久,与吴汝纶性情最为契合,与黎庶昌又有亲家之谊,故与以上三人的信札往来也较频繁。

1889年2月,时在武汉江汉与经心书院讲学的张裕钊写信给张浍:

> 天下事但当务实,不必骛名,声闻过情,往往败露,实至则名自归。我生平从不张皇,此次返鄂后,亦仍守故辙,然数日以来,微闻此间上下皆甚倾服,是其明验。

当时张裕钊因李鸿章一纸逐客令,已离开河北莲池书院,回到武昌。经此变故,他对人情冷暖、世态炎凉有了更深的体悟,愈发坚定了自己与世无争的处世之道。信中不忘叮嘱儿子与人交接时,收敛锋芒,低调行事。然后言归正传:

> 王文泉文已撰就,今寄去(孔刚介文亦将续行撰就寄至)。去年孟蒂臣所说,不知是作墓表,是作家传?我一时忘却,恐说是家传。汝等但云家传不如墓表之合体裁,倘渠必欲作传,则将原稿略加窜改,再行邮寄亦可。但文稿已就,润笔自可先交,不必再待改稿,此一定之理势。此文我颇自喜,如它日刊入文集,则彼已讨大便宜。万一彼欲得我书上石,必非更三百金不可。

碑传墓志为旧时重要的纪传文体,传主往往可借此流传后世,要把传主平淡无奇的一生点染得摇曳生姿,鲜活感人,对写作功力要求极高,寻常人家也以能得到大家亲笔作传为荣。因此文坛名家传世文集开篇即为传、记、书、表等,张裕钊也不例外,为人作文写字也是其重要的经济来源。此处的孟芾臣(孟黻臣)即孟庆荣,河北永年人,光绪十六年进士,曾任学部左参议及右丞,在河北学界亦有声望,张裕钊主讲莲池时,两人过从甚密。但张氏私下对其评价不高:"其敦笃似查冀甫,学问少逊,而晓畅世事过之。"(张裕钊《致张锴》)在他看来,孟之学识平平,敦厚如其弟子查燕绪,但明事理而已。孟托张裕钊为王文泉作家传,但张氏记忆有误,写成了墓表。但他并不打算重写,而是教儿子将原文略加修改交差,且须先付酬金,美其名曰墓表比家传更合适,而且还颇有不甘,说这篇文章如果将来收入文集,付梓刊印,那对方可就占了大便宜(后来查燕绪确将《定州王君墓表》及《孔刚介祠堂碑记》收入《濂亭文集》)。如果想请他书写刻石,则明码标价,另需奉送三百金!着实令人瞠目。很难想象,轻薄事利的张裕钊如此看重润笔酬金,即使好友托办,也不讲情面。

张裕钊为何对自己的书法这么自负,一篇三百余字的碑文竟开价三百金,看他怎么说:

> 我近日作书,益有得心应手之乐,自度竟欲突过唐人,即不能,亦当与欧、褚诸公并驱争先。此事我胸中已确有把握,殆非妄言。(张裕钊《致张浍》)

客观地讲,张裕钊的书法个人风格鲜明,汲取了北派碑体之大成,融而化之,字体结构里圆外方,方中带圆,精气内敛,风韵独具,被誉为在近代书坛上别开生面的"张体"或"南宫体"(因其代表作《重修南宫县学记》得名)。张裕钊对自己的文章还是有所保留,但书法则不遑多让:

"古文吾亦犹人,书法当独有千古。"(《清史·张裕钊传》)康有为一贯尊碑抑贴,故而对得之北碑精髓的张裕钊书法极为推崇:"其书神韵皆晋宋得意处,真能甄晋陶魏,孕宋梁而育齐隋,千年以来无与比。"(康有为《广艺舟双揖》)张裕钊自视甚高,求字除一律收润笔外,对用纸亦特别讲究:"宣纸必玉版宣,杂色纸唯冷金笺、雨雪宣、大红蜡笺三者差可,他色纸不能写。"(张裕钊《致吴汝纶》)他还曾对吴汝纶说:

> 近世金石刻稀少,吾书虽工,世不求,无所托以久,恐身死而迹灭。吾将归于黄鹤楼下,选坚石良工,书而刻之……千百世后,必有剖此石壁,得吾书者。

可见他苦心经营书法,是将书法作为传诸后世、以求不朽的名器。张氏书名重当时,时人得其片纸只字尽宝之,汪士铎称其"寻常一字值百金",并非妄言。张裕钊在家信中对文章书法的率性自矜,毫不掩饰,也就不难理解了。张氏书法流播甚广,在日本也很受推崇,弟子宫岛相伴多年,得其衣钵,回国后创立书院,对传播张裕钊的书法起到了极大的推动作用。

二

张裕钊于咸丰二年(1852年)8月辞官南归,是年12月,太平天国攻克武昌,剑指南京,大清帝国国势日溃,如丸走坂。张裕钊文名虽盛,但无一官半职,乱世中终归要有落脚处以谋生计,无奈之下只得求助曾国藩及其同僚。1853年夏,应安徽巡抚江忠源之聘,张裕钊主讲武昌勺亭书院。是年底,江忠源战死,张裕钊重回曾国藩幕中。1859年2月,应湖北巡抚胡林翼邀请,他再赴武昌参编《读史兵略》。但编书并非长久之计,1864年11月,迫于生计,张裕钊致书曾国藩,请求推荐存身

之所,甚至情愿委身盐局当差以糊口:

> 既顷,湖北书院已无可谋者。……欲肯夫子寓书杜小舫观察,于汉口盐差局位置一地,每月可三十金者,乃稍足自给。(张裕钊《与曾国藩》)

不过这次曾国藩以"从前盐务冗费多端,新立章程概从删汰,并无干修之例,碍难措辞"婉拒了他的请求。但曾国藩还是经常接济他,并致信李翰章等人,礼遇张裕钊,设法为其谋职。1871年3月,时任两江总督的曾国藩聘张裕钊主金陵凤池书院讲席,直至1882年底。1883年冬,李鸿章聘其任保定莲池书院山长,至1888年卸任。除此之外,十几年间,他曾辗转湖北钟祥编辑《钟祥县志》、武昌崇文书局司理校雠、湖北通志局编《湖北通志》等,可谓席不暇暖,辛苦异常,这些事务一部分是人情往来,但更多的还是为衣食计。1884年正月,已在莲池书院执教的张裕钊写信给兄长张锴,述说谋生糊口之不易:"大抵谋馆难,而干修则尤属万难,必大有力、大情面乃侥幸可以办到,然荐者及主者稍有移易,即立行辍止,只有取得一年算一年,断断不可常恃。"(张裕钊《与二兄书》)书院生活远非想象得那样优裕从容,虽然有李鸿章等大员推荐延请,但薪水也只能一岁一议,且岁无定数,不能保证一以贯之,实在艰难。张裕钊虽然每至一处均被奉为座上宾,但毕竟不能自立,有寄人篱下之感。友人也多有劝谏:"胡不振翅凤池上,对扬奇木歌灵禽?"(汪士铎《赠张廉卿舍人》)不过开弓没有回头箭,既已决意仕宦,以张裕钊的个性,断难再入仕途。

不过文字虚名终底事,衣食生计乃是最现实的事,不可一日无之。正是出于这种辗转颠沛、处处求人的切身体验,他虽不喜举业,但对张沆、张浍还是寄予厚望,希望二人能走科举正途,谋得出身而后自立,于是在课业教学之余,"仍督令(二子)温习旧业,为科举之学"(张裕钊《致吴汝纶》)。无奈二子"时文工力皆至浅薄"(张裕钊《致吴汝纶》),无法继承自己的文章志业,难堪大任,他只能托朋友故旧勉强在地方衙门里谋个差事。他曾在信中向吴汝纶吐露内心苦闷:"大小儿于去秋得一厘差,差足补苴目前。但秦中章程,一岁即当瓜代,苦不能久耳。"(张裕钊《致吴汝纶》)这些小差使顶多勉强糊口,而且只是权宜之计,让张裕钊操碎了心。张裕钊与黎庶昌不仅同为曾门弟子,且为儿女亲家,1876年,张裕钊长子张沆娶黎庶昌长女瑞荪为妻。1881年,黎庶昌奉命出使日本,张沆随同赴日。张裕钊既然无力为孩子谋得更好的出路,便寄希望自己的亲家着意提携。他又推荐杨守敬随同黎出使日本,并写信给杨守敬,请其多加管束张沆,可谓用心良苦。张沆赴日之后,张裕钊经常写信给张沆,除互通声讯、殷勤叮嘱外,也希望其多来信:

  汝以后必须勤于寄信,得汝一函,不独我心内释然,即举家亦皆喜慰不可言,切切毋忽。能一月两函乃更佳耳(虽数行亦可,得数行便如获珍宝也)。(张裕钊《致张沆》)

言辞温厚深挚,一改平日正襟危坐的严父口吻,父子情深,令人动容。

  张裕钊虽性情狷介,不谙奔走逢迎之术,但有时也不得不低首下心,如桔槔随人俯仰。黎庶昌在日本搜辑《古逸丛书》,为学界瞩目。时任直隶通永道的沈能虎知张、黎二人的关系,便辗转向张裕钊求书。张知沈为李鸿章亲信,虽不胜其烦,但也不敢得罪,只得写信给张沆,请亲家黎庶昌再寄一部《玉篇》来,赠其了事。

  张裕钊对张沆寄予厚望,可惜的是张沆非笃志向学之士,难堪大任,1884年7月,黎庶昌致信张裕钊,直言不讳地告知张沆在日情形:

  导岷在此三年,名为出洋学习,以弟观之,渠与国家大事及公牍文字都不甚措意,实悠忽以度日耳,绝少进德之处。出洋一役,大率败坏人才,其卓然有志者十中难见其一。……众人皆然,不独导岷为尔,亦不足为之忧也。三年届满后,应请亲家决意命之回国料理家事,极是正办,然须出自尊意方可远嫌,否则翁婿之间似难直道而行也。(黎庶昌《致廉卿书》)

张沆出洋三年,不思进取,虚度时光,连岳父黎庶昌也难掩失望之情,认定他实在不是这块料,希望亲家出面做女婿的思想工作,免得翁婿生隙。这对张裕钊来说确是极大的打击。所以1887年黎庶昌第二次奉命使日时,张裕钊听从了亲家的意见,劝阻张沆再次出洋,为了打消其出洋之念,他甚至搬出曾纪泽英年早逝一事来提醒张沆,出洋是不祥之兆:"出洋一节,且可暂置。……劼侯之逝,或亦不应出洋之一机也。"(张裕钊《致张沆》)张裕钊连续写信,苦口婆心地劝诫他,详陈出洋与谋差之利弊,告知其时任陕西布政使的陶模和陕西巡抚的鹿传霖都是好友,完全可以施以援手,助其谋得一待遇优厚的差事,而大可不必去选择变迁无常、难可意料的出洋苦差。1890年7月,他再次致信张沆,以不容置疑的口吻说道:

揆之情事,衡之义命,斯为至顺,断无一旦舍此,更谋出洋之理,外则有负上官优待之意,内则举家之中言及汝欲出洋,无一人愿意者。此我前书所谓"此事便作罢论也"。

真可谓恩威并施,好话说尽。后来张沆也听从父命,安心当差,并与弟弟张浍一起继续攻读,参加乡试,无奈屡试不售。张裕钊对此早有心理准备,在与兄长张错信中谈及此事时已相当平静:

沆儿乡试文亦颇可望,榜发仍复不得。此事原非易易,即不得,亦自可听其自然,但须能读书明道理,便自受用无穷耳。

二子并无特出之才，且无专心壹力之志，无法继承其衣钵。张裕钊不再奢望张沆靠科举致仕，飞黄腾达，只求其读书明理，平淡生活即可。1888年，66岁的张裕钊亲自带领张沆、张浍入京会试，张浍终于得中光绪戊子科顺天乡试举人，也算了却张裕钊一桩心愿。张沆后凭出使日本的经历博得陕西候补同知衔，后署陕西宁陕厅抚民同知。二子张浍稍好些，中举人后，得四品衔，署江苏扬州府泰州知州，后任民国首任总统府国务院政治咨议。张氏后人的声名已渐渐湮没无闻了。张裕钊开创莲池文风，桃李满天下，但自己的孩子却寂寂无名，这也是一代名师的尴尬和无奈。

三

1884年7月，中法马江一役，清朝福建水师全军尽墨。以文人典兵事的张佩纶身败名裂，被褫职发配。按理说，此事似乎与远在河北保定莲池书院的张裕钊扯不上干系，然而万事皆因缘有自。1888年，张佩纶获准回京后，李鸿章爱其才，招至幕中，并将幼女李鞠耦许配给其作续弦。为给乘龙快婿谋一教席，李鸿章举贤不避亲，有意以张佩伦取代张裕钊执掌莲池。为不得罪张裕钊，是年七月，李鸿章修书一封，殷勤致意，措辞颇为迂回策略：

> 顷接奎乐山中丞来书，以江汉书院讲席虚悬，鄂中人士延企名德，欲回几杖，还式枌榆。燕赵诸生，久亲教泽，岂于中路夺我儒宗？敝处气谊素洽，倚助良多，闻信之余，怅悯曷极！独是执事楚国耆旧，儒林大师，况以贵乡文史之渊，重以阖部士民之望，情词如此，恐难靳辞，弥念高年，亦便故里。（李鸿章《致莲池书院山长张》）

李鸿章搬出湖北巡抚奎乐山（奎斌）作为挡箭牌，力邀张裕钊返乡执教，并表示出对江汉书院"横刀夺爱"的不满和惋惜，但因张裕钊本为楚地大儒，故里士民想望其返乡也是名正言顺之事，而且还将其与毛奇龄作等近世名家一体尊之，最后才道出欲聘张佩纶继掌莲池的真实意图。话虽说得冠冕堂皇，但实际上不过一纸逐客令。此时张裕钊再次显示了其孤傲清高的秉性，遵命卸任，并慷慨致书李鸿章："闻拟延张幼樵学士接主此席，可谓得人，莲池诸生亦皆有所依归矣。"（张裕钊《复李傅相书》）言辞端正，不卑不亢，但其私下在与吴汝纶议及此事时则颇有怨言：

顷得李傅相书云：接奎乐山中丞来函，以湖北江汉书院明岁讲席需人，欲招弟返鄂，为之承乏。并称弟如许诺，拟延张幼樵接主此席云云。观此情词，不言可喻。……而此间官僚人士，同声怅恨，物议颇为纷然，书院诸生尤怊然若失。其隽异之士，愈益眷言衰朽，彷徨莫释，异日并拟散去。（张裕钊《六月初八日与吴先生书》）

可见张裕钊对李鸿章的意图是很清楚的，莲池诸生对自己的挽留和眷恋也让他颇为感动："征鸿念畴侣，欲去犹回睐。"（张裕钊《留别莲池诸生》）决意南归途中，张裕钊还惦念莲池书院的情况，写信询问吴汝纶："张幼樵已传为傅相乘龙之选，曾闻之否？外间咸称莲池一席，渠已改计不就，此言虽无确据，然十八九其信。又传有王壬秋（王闿运）主讲莲池之说，此语或亦不妄耳。"（张裕钊《致吴汝纶》）字里行间流露出对莲池的眷恋关注和对李鸿章徇一己之私的不平。

时在冀州的吴汝纶，也竭力挽留张裕钊：

目前深冀两州读书之士，意欲挽留在北，由此两州醵金为寿，亦如莲池之数。虽由省城下至外州县,俗人以为左迁,而大贤固不屑屑校论此等。缘恐从者南返,北士从此失师,不复能振起,非有他意也。执事倘见许,望密赐一复示,二州人当自上书傅相乞留,续自具书币造门请谒,于上游决无妨碍,于执事亦无轻重,不过于北方学者有无穷之益。

吴汝纶以北方学术大业为重,愿从中斡旋,只要张裕钊愿意,他可以出面,让师生上书李鸿章,加以挽留。张裕钊去意已决,婉拒了吴的好意。李鸿章得张裕钊信后,很快回复,对其南下返乡就职表示敬意,并奉上川资。不过他低估了张裕钊的影响力,毕竟张已主莲池6年,开河北学界新风,不仅培养了范当世、查燕绪、贺涛、张謇等文坛才俊,而且连日本的宫岛勋斋、冈千仞等人也慕名前来,学习古文书法,其声名已远播至海外。此论一出,诸生哗然,自发联名抵制。迫于舆论压力,张佩纶最终未赴任,李鸿章改聘吴汝纶接任,一来平复众议,二来吴、张本是挚友,张裕钊想必也能接受。

离开莲池书院后,张裕钊旋就职武昌江汉、经心书院,1890年又赴鹿门书院短暂执教,1892年,因年迈体衰,精力不济,由张沆接至陕西西安草场巷养老。张在西安曾入荣禄幕中,后任职陕西三原书院。此时的张裕钊已72岁,经过这样一番颠沛辗转,身体每况愈下,很快罹患风寒,饮食骤减,夜不成寝,如秋叶凋落,于1894年正月十四溘然逝去。吴汝纶对老友张裕钊万年境遇颇为同情,叹惋无已:"辗转关中,流落以死。贤人末路,其可悲如此。"(郭立志《桐城吴先生年谱》)离开莲池确是其人生境遇的转捩点。张裕钊在古稀之年,毅然以老病之躯自谋生路,维护了他孤傲清高的气节,但也在迁转流离中耗尽心力,安稳闲适的生活一变而至老无所依,一代大儒,终至陨落。

张裕钊虽名满天下,但要立足谋生,也只能靠师友照拂,一生身如飘絮,难觅安身之所,年七十因无术自给,以老病之身被迫入关谋生,郁郁而终,可谓晚景凄凉。在微言大义的正史传记中,只有表彰其学行文章的文字,其心迹曲折却难觅踪迹。其弟子友人所作传记文字中,总有为逝者讳的初心,只记其言述其行,未审其心,只记其圭璋特达、迥异尘俗的风采,略去其心境凄苦、潦倒困窘的一面,这也是传统评传文字的通病。

张裕钊文名虽盛,但《濂亭文集》所选文章多为墓表、祭文、寿序、碑传等应酬文字,不乏遵命代笔之作,所谓代人悲喜而强效其歌哭,不足传而弃之者多矣,真正发自内心的传世佳作并不多。倒是在为数不多的诗歌遣兴中,略可体味其牢骚与心酸。只有阅读日记、书信这些私人文字,才能体会其真性情,得悉其不为人知、不可为外人道的真面目。"万事悠悠无可说,一心耿耿有谁同?"(张裕钊《百年》)正道出他内心彻骨的孤独和悲凉,也是其一生侘傺不遇、自伤自放的真实写照。

苏轼：平生文字为吾累，去此声名不厌低

苏轼，字子瞻，又字仲和，号东坡居士，北宋眉山人。苏轼的诗词、散文自不待言，代表了宋代文学的顶峰，又书画俱佳，居"宋四家"之首，文学书画可谓冠绝群伦。如此天才，其仕途人生却坎坷多难。苏轼只在元祐年间，有过一段短暂的意气风发的时期，从七品入侍延和，继而擢升三品翰林学士，抵达仕途顶点，然而乌台诗案与新旧党争几乎陷其于死地。绍圣元年，新派得势，苏轼开始万劫不复的贬谪生涯，一路自定州，而英州，而惠州，而琼州，而雷州，直至人迹罕至的天涯海角——儋州，如一枚微不足道的棋子，被政敌玩弄于股掌之间。元符年间，虽蒙朝廷宽赦复官内迁，但多年的流放生涯已耗尽其生力，最后客死常州，时年六十六岁。苏轼一生蹭蹬宦海，几度沉浮却不失乐观之心，去井离乡却能优容自处，冲淡随性的人生态度让他能以苦为乐，泰然处之。苏东坡已然成为历代文人追摩的典范，化为萧散自在、不随人俯仰的文化符号。

东坡诗文传诵千载，所论多矣，而那些作为书帖形式存在，叙故旧伦常、人情往还的书札尺牍，因有的并未收入文集，故关注不多，如散珠碎玉一般，散发着迷人的幽光，如此才能真正体察一位元气淋漓、富有生机的苏东坡。苏轼尺牍多有生趣，这生趣不是来自心忧庙堂之高的忠臣孤怀，而得之于身处江湖之远的寻常百姓，丈夫慈父，家长里短，人情往还，乃至油盐酱醋种种不上台面的小事小情，痔疮复发，吃遍百药皆无效，后吃"淡面"，即用去皮的黑芝麻晒白，茯苓捣碎，加以蜂蜜、胡麻，味美且有奇效（《淡面帖》）；侄儿去世，他一面怪其生前挥霍无度，放贷甚多，用钱时一无所有，一面贴补丧葬费，并嘱咐其遗孀，侄儿欠自己

的二百千钱不必急着还(《十六姪帖》);还有替朋友儿女撮合姻缘(《求访佳婿帖》);托人买丝绸,颜色不如意,想请代为调换,自嘲聒噪(《奉喧帖》);写信祭奠亡友,宽解友人节哀,死生不过聚散之常理(《人来得书帖》)……都娓娓道出,有时不免絮叨,读来真是如天天照面的邻家长辈,温言婉语,生趣盎然。

　　作为名重一时的人物,难免有盛名之累,苏轼文墨也经历了毁誉翻覆的命运。崇宁元年(1102年),徽宗拜蔡京为相,"天下碑碣榜额,系东坡书撰者,并一例除毁",但禁令不过是统治阶级一厢情愿而已,私下里,文人百姓对苏轼墨迹的热情不减,禁愈严而传愈多。苏轼书法在宋朝南渡后,另多了一层追思名士匡复盛世的意义。绍兴年间,朝廷广收苏轼遗墨,一字千金,士大夫争以存片言只字为荣。苏轼对自己的字心中有数,对意气相投者,从不吝惜笔墨,所赠皆有缘人,多以施山中有道者,写字送得最多的是和尚道士。苏轼谪居黄州后,倾心佛道,还曾与爱妾朝云一同钻研长生之法,所以喜结交高僧道士。好友昙秀和尚曾去惠州看望苏轼,分别时,他问昙秀:"回去后山中友人若向你要礼物,何以与之?"昙秀说:"鹅城清风,鹤岭明月,每人送一份吧,就怕他们没地方放。"苏轼说:"不如把我的字带回去,每人送一份,就说是言法华写的,是福是祸,自己看吧。"言法华是当时有名的修道之士,行为乖张,喜写字,有预言祸福的能力,这里他是暗指自己受贬受祸、复出无期无福的境遇。

　　苏轼是个随性的人,对于关心自己衣食冷暖的乡野百姓,他都十分感念。邻人柳十九用太官米做饭款待自己,王元直送来腌制的芥菜供其下酒,他便喜不自胜,欣然挥毫赠之。对那些有备而来、心有杂念的求书人,苏轼"正色诘责之,或终不与一字"。他有一副侠义心肠,常主动周济贫苦的读书人:

　　　　宗人镕贫甚,苦吾无以济之。昔年尝见李驸马璋以五百千购

王夷甫帖,吾书不下夷甫,而其人则吾之所耻也。书此遗生,不得五百千勿以予人。(《书赠宗人镕》)

王夷甫,就是西晋清谈误国的王衍,人品虽恶,但书法倒很不坏,当时有人出重金求购。苏轼见宗人镕贫苦,便写字赠之,让他换钱度日。并嘱咐他,自己的字不比王衍差,至少开价五十万钱。反之,如果遇见别有所图的求字者,即使熟人故交,苏轼也烦不胜烦:

徐十三秀才相见辄求字,度其所藏,当有数千幅,然犹贪求不已。今日方病,对案不食而求字不衰。吾不知此字竟堪充饥已病否?此蔽殆不可解也。(《徐十三帖》)

元丰六年(1083年),苏轼时在黄州。徐十三是黄州太守徐大受的儿子,应该是个尚在读书的少年。因父辈的关系,徐秀才得以经常见到苏轼,每次碰面都百般纠缠,索要墨宝,积有千幅之多仍贪心不足。苏轼病体未愈,吃饭都没胃口,还要应付这些俗人,心情恶劣到极点。苏轼虽不吝惜笔墨,但绝不至于随意品题,降低作品的质量:

所须惠力法雨堂字,轼本不善作大字,强作终不佳。又舟中局迫难写,未能如教。(《答谢民师论文帖》)

这个谢民师就是著名的《答谢民师推官书》中的广州推官谢民师。元符三年(1100年),谪居琼州的苏轼遇赦北还,路过广州,推官谢民师多次携诗文登门求教,故而交善。谢推官不仅与苏轼谈论诗文,还多次求字,这回想让苏轼写大字,苏轼以大字不佳,且船舱局促,书写不便,婉拒了他。

苏轼书法闻名天下,但不懂得赚钱的营生,有时候好友求字,案上

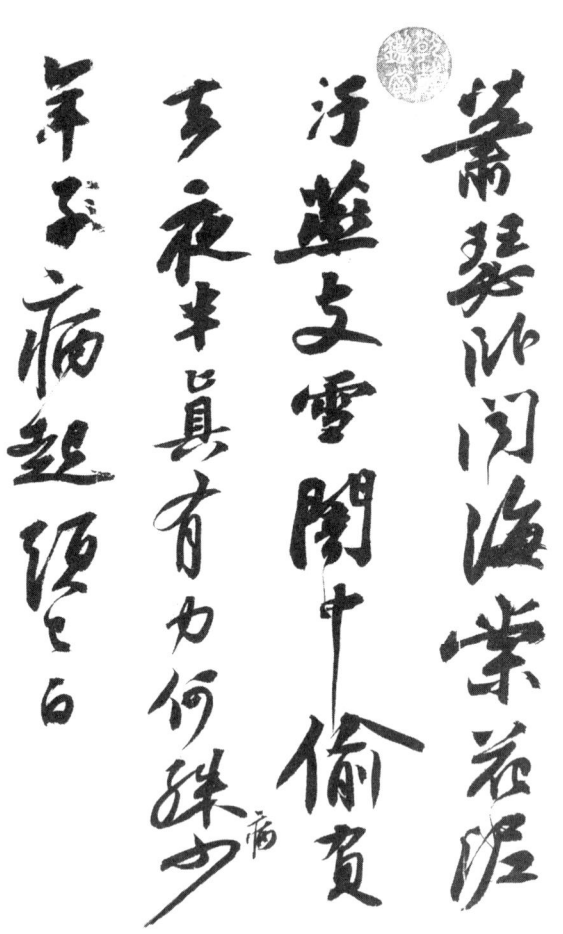

《黄州寒食诗帖》 局部

的纸不论好坏,写满为止,喜欢喝酒,四五杯便醉倒,睡醒接着写,酣畅淋漓,却不拿自己的字换钱。幽居黄州时,生活困顿,他为打理日常开支,痛自节俭,每天花费不超过一百五十钱,每月四千五百钱,分为三十份,挂在房梁上,用一次拿叉子取一次。偶有结余,便用来招呼朋友。古有仓颉结绳记事,今有东坡悬梁算钱,真是笑中带泪的趣事。翻看苏轼书札,命运不能自主的愁苦也有,生活拮据、病体难安的烦闷也有,但似乎不是主流,嬉笑怒骂,乡谊友情,亲朋问询,都充盈着一种乐观恬适的情绪。但宦海沉浮、壮志难酬的愤懑,"寒灯相对计畴昔,夜雨何时听萧瑟"的孤寂,总得有发泄的途径,这些不足为外人道的心境,在被誉为"天下第三行书"的《黄州寒食诗帖》里则有另一番体现:

  自我来黄州,已过三寒食。年年欲惜春,春去不容惜。今年又苦雨,两月秋萧瑟。卧闻海棠花,泥污燕支雪。暗中偷负去,夜半真有力,何殊病少年,病起须已白。
  春江欲入户,雨势来不已。小屋如渔舟,濛濛水云里。空庖煮寒菜,破灶烧湿苇。那知是寒食,但见乌衔纸。君门深九重,坟墓在万里。也拟哭途穷,死灰吹不起。

此帖大概写于宋神宗元丰五年(1082年),时苏轼四十八岁,因乌台诗案牵连,受贬黄州团练副使。遭此人生中的重大打击,诗人穷愁潦倒,郁悒寡欢,寒食节触景生情,写下这一杰作。初见此帖,便觉得眼前光彩流动,有一种撼人心魄的力量在。全帖17行129字,前小后大,先工整后跌宕,字体大小反差强烈,错落参差,章法非有意为之,纯然随情绪的流动,行于所当行,止于不可不止。"雨势""破灶""途穷"用笔凝重滞涩,如横空堕石,力有千钧。"年""中""苇""衔纸"的最后一笔,似利刃,泛着寒光,割开书者的心,墨沈淋漓处,内心的苦楚与惆怅展露无遗。最动人的是"花""泥"二字之间牵连婉转的游丝,细若发丝,似断未断,气脉相连,像极了书写者剪不断理还乱的愁思。前尘往事,真有"却对酒杯浑似梦"的怅惘,这恐怕才是苏轼最为真切的心境写照,是真正写给自己的。书帖不同于刻版印刷的标准文本,整饬的文字版式固然好,但已是完成时,诗人当时的心境已经无从揣摩。书帖则不然,见字如面,笔墨飞舞,涂抹漫漶和笔画牵连,如彼时诗人的情感流动,永远是进行时。书帖是古人于生死流离之间留下的印迹,一枚枚暗红的印章,如岁月的年轮,和纵横飘逸的笔墨一道凝固成一个永恒的瞬间。帖后原有黄庭坚题跋(后被裂为二帖,别名《黄州寒食诗帖跋》),说"试使东坡复为之,未必及此"。确实,书法是一种即兴的艺术,如雪过无痕,不可复制,当年王羲之酒醒后再写《兰亭序》,用尽气力,再难及原作神韵。

文人不仅相轻,还多记仇,所谓锱铢必较、睚眦必报的不在少数,苏轼不然。一入俗世,便蒙俗尘而成俗吏,挣脱官场尘网的羁绊,反倒看得开了。经历了太多世态炎凉和党祸纷争,苏轼对人生人事都看得淡,对于政见不合,甚至曾经欲陷自己于死地的同僚故人,他都不计较,在其落难时绝不落井下石,还能雪中送炭,好言慰藉。

> 轼启:前日少致区区,重烦诲答,且审台候康胜,感慰兼极。归安丘园,早岁共有此意,公独先获其渐,岂胜企羡。但恐世怨已深,未知果脱否耳?无缘一见,少道宿昔为恨。人还,布谢不宣。轼顿首再拜,子厚宫使正议兄执事。(《归安丘园帖》)

这里的子厚,即章惇,早年苏轼任凤翔府判官时,章惇为丹凤太守,与苏轼兄弟有同榜之谊。在凤翔时,有一次,苏、章同游仙游潭,路遇独木桥,下为深涧,苏轼不敢过,章惇却若无其事地走了过去,还在崖壁上题了字。苏轼笑言:"你如此大胆,不顾惜自己的性命,将来一定会杀人。"不料竟一语成谶。乌台诗案发,章惇虽为新党,但还是顾念旧情,竭力奔走营救苏轼。后来元祐年间,新党被遣,苏辙曾弹劾章惇,章惇遂与苏轼兄弟反目结怨。哲宗新政，章惇获重用，官居宰辅，便开始挟私报复迫害苏轼兄弟，欲除之而后快。然而三十年河东，三十年河西，命运给两人开了大玩笑，当苏轼获准离开海南时，建中靖国元年（1101年）章惇却被罢黜，流放雷州。章惇之子章援，为苏轼门生，写信给苏轼，希望老师不计前嫌，对父亲施以援手。苏轼回信安慰章援，"某与丞相定交四十余年，虽中间出处稍异，交情固无增损也"，并拟书赠《续养生论》。随后苏轼致信流放途中的章惇，言辞恳切，没有幸灾乐祸，没有恩怨过节，而是真诚的同情和宽慰，落落大方，一笑泯恩仇，随它去吧。

做到这一点的，能有几人？

黄庭坚：满船明月从此去，本是江湖寂寞人

黄庭坚（1045—1105年），字鲁直，号山谷道人、涪翁，江西修水人。黄庭坚出身寒素，自幼靠舅舅李常接济照拂，后来李常官至户部尚书，岳父孙觉任右谏议大夫、给事中，都是朝中重臣，但没给他带来实质性的好处。黄一生仕途坎坷，初任叶县尉，元祐年间，先任校书郎兼《神宗实录》检讨官，后除秘书丞，兼国史编写官，绍圣年间，被贬涪州，后迁戎州。徽宗继位，他一度看到命运回转的曙光，复官知太平州，无奈又遭旧敌赵挺之构陷，被免职，羁管宜州，直至去世。

苏轼长黄庭坚8岁，黄庭坚以师礼事之，二人亦师亦友，他们不仅在书法、文学上多有交集，人生态度、生命轨迹也出奇的一致。虽然黄为苏门四学士之一，但"苏黄"并称已充分肯定了黄庭坚的文学和艺术成就。黄庭坚推苏轼书法为天下第一，其实自己的书法亦不遑多让，苏黄曾互相打趣，苏轼说黄字是死蛇挂树，黄庭坚说苏字是石压蛤蟆，虽是笑谈，但也很形象地道出二人书风的差异。黄庭坚早年学苏，后来在西南僰道乘舟观众人水中划桨悟得笔法，终自成一家，尤以骨势开张、大气磅礴的行草名满天下。黄庭坚书名远播，众人趋之若鹜，他走到哪里，都随身携带一个大锦囊，里面装满求字的人送的好纸好墨，苏轼每见黄庭坚，都要打开搜刮一番，曾讹承晏墨半挺（五代南唐墨工李承晏所制之墨），弄得黄庭坚如同割肉："群儿贱家鸡，嗜野鹜。"最后还是忍痛割爱。

黄庭坚说苏轼极不爱惜笔墨，同在京城任职时，苏轼只要心情好，案上纸墨不论好坏，随意挥洒，来者不拒。黄庭坚也是自在随性之人，

除非身体不适,心情不佳,不然对求书者大都会尽力满足。如《致齐君尺牍》:

> 庭坚顿首。两辱垂顾,甚惠。放逐不齿,因废人事。不能奉诣,甚愧来辱之意。所须拙字,天凉意适,或能三二纸,门下生辄又取去。六十老人,五月挥汗,今实不能办此,想聪明可照察也。承晚凉遂行,千万珍爱。象江皆亲旧,但盛暑非近笔砚时,未能作书,见者为道此意。庭坚顿首齐君足下。

这是一封谢绝求字的信札。此帖书于崇宁三年(1104年),也就是黄庭坚去世前一年,时黄在宜州,花甲之年老病缠身,盛暑酷热,何来心情与精力作书?尽管求书者两度来访,但还是婉拒之。字迹虽小,但笔法精到,章法也随意,长短参差,方寸之间难掩跌宕起伏的笔法变化。文字谦和恳切,苦心巽语诚心可鉴,想必求书者见之不忍再叨扰老人的清静。

《赠张大同卷跋尾》是黄庭坚后期精当之作。元符三年(1100年),外甥张大同离任返乡,临行前来求书留念。黄庭坚尽管身体不适,还是顾念亲情,勉力书之:

> 元符三年正月丁酉晦,甥雅州张大同治任将归,来乞书。适余有腹心之疾,是日小闲,试笔书此文。大同有意于古文,故以此遗之,时涪翁自黔南迁于僰道三年矣。寓舍在城南屠儿村侧,蓬藋柱宇,䶦𪙏同径,然颇为诸少年以文章翰墨见强,尚有中州时举子习气未除耳。至于风日晴暖,策杖扶蹇蹶,雍容林丘之下,清江白石之间,老子于诸公亦有一日之长。时涪翁之年五十六,病足不能拜,心腹中蒂芥,如怀瓦石,未知后日复能作如许字否?

题跋一般在正文后,交代写作缘起和时间地点等信息,黄庭坚此处的题跋不啻一篇小记,怀想自己从黔南辗转至僰道,三年多了,虽然茅屋村舍,粗茶淡饭,生活是清苦了些,但可喜的是,附近的少年文人多闻名来求教诗文书法,风轻日暖,山野林间,诗书唱和也是难得的乐事。然而聚少离多,如今侄儿将归,他也年老体弱,来日无多,不知道将来还能不能再写这样的大字。读来真有几分怅然。作品打破常规,将题跋当作正文来经营,字大如斗,笔笔用力,长枪大戟,雄奇傲岸的风格显露无遗。类似的还有著名的《经伏波神祠诗》帖,书于靖国元年(1101年),所写为唐代诗人刘禹锡的诗卷,题跋甚长:

> 师洙、济道与余儿夫妇有瓜葛,又尝分舟济,家弟嗣直,因来乞书。会予新病痈疡,不可多作劳。得墨渖,漫书数纸,臂指皆乏,都不成字。若持到淮南,见余故旧,可示之,何如元祐中黄鲁直书也?建中靖国元年五月乙亥,荆州沙尾水涨一丈,堤上泥深一尺,山谷老人病起,须发皆白。

儿子儿媳的好友来索字,当时连日大雨,荆州水涨,堤上泥深一尺,黄庭坚正害痈疡,还是尽力满足访客。写这样的大字是很费精力的,更何况这是一幅五米多长的长卷!诗人老矣,须发皆白,从病榻上辗转起来,提笔凝神,以老病之身写下这幅杰作。看得出来,黄庭坚对这幅字很满意,他让主人带回去让亲朋故旧看看,和元祐年间的字比比,有没有进步。黄庭坚的书法经历了早年学苏轼,后来尽学古人,而至自创一格的演变过程,元祐年间正是黄庭坚苦学思变的开端,而此时个人风格已形成,笔法抖擞外拓,夸张又擒纵自如,结字险绝又不失其正。半开玩笑的一句话透露出山谷老人对自己多年来纵然漂萍无定,仍不废书道探寻的自得之情。

黄庭坚的一生,颠沛流离,几乎全在贬谪途中度过,朝廷旨下,亲友

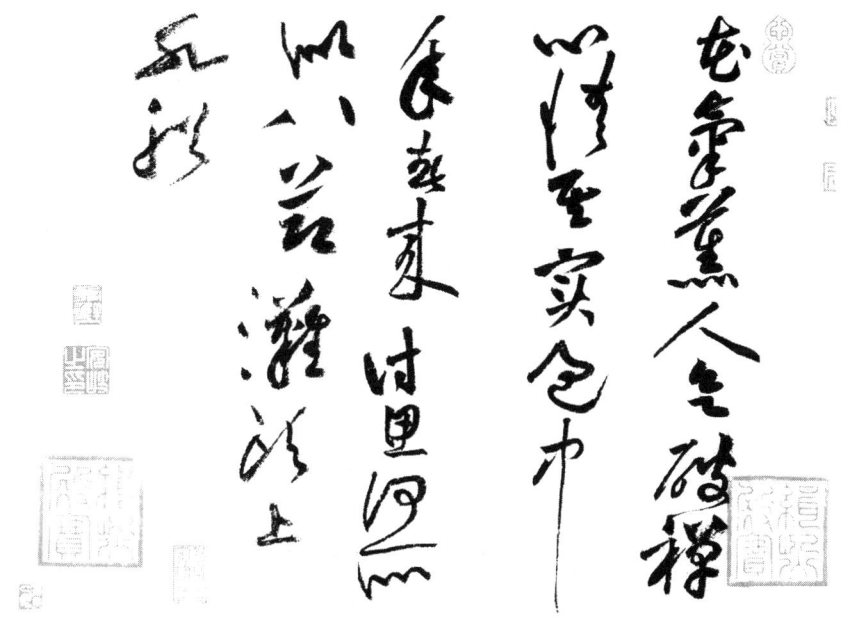

《花气薰人帖》

家人早已恓恓惶惶,黄则镇定自若,"投床大鼾,即日上道"。黄庭坚一路贬谪的过程,也是潜心书法、日益精进的过程。上文提到的《赠张大同卷跋尾》《经伏波神祠诗》都是其晚年杰作。不过,在我看来,最能代笔黄庭坚书法神韵的是《花气薰人帖》:

> 花气薰人欲破禅,心情其实过中年。春来诗思何所似,八节滩头上水船。

这幅书迹是件小品,后无款印,根据成熟老辣的用笔推断,应该是黄庭坚晚年所作,与其所作《刘禹锡竹枝词》神似。据说,大画家驸马王诜与黄庭坚交善,曾多次来信,向黄索诗,黄一直未回复。春日某天,王诜遣人送来许多花,花气氤氲,香气四溢,竟扰得黄庭坚心神不宁,无法入定,于是他挥笔写下这首诗,一了诗债。黄庭坚草书在宋四家中成就最高,走的是张旭、怀素的路子,融合颜真卿和杨凝式的笔意,形成自己沉潜内敛、风神洒脱的风格。这件小品虽是草书,下笔并不快,没有常见的字字相连,但彼此笔断意在,互相呼应。笔墨由浓渐淡,由润渐涩,直至最后略呈枯笔,瘦长的中字为临界点,前者凝重、舒缓,后者跳脱、爽利,中字最后一竖如悬针,又像笔尖,如满室花香中诗人心旌动摇,禅心难以自持。字数不多,五行二十八字,却有节奏的变化,墨色的层次感,没有黄庭坚作品惯常的厚重和磅礴,却呈现出难得的轻松、烂漫和自在,真是诗、书和禅意俱佳的杰作。"似僧有发,似俗无尘"是他理想人格的自照,诗句简洁平淡,不似黄诗常见的生新瘦硬,倒像是和友人发牢骚:"春暖日长,我本想在家参禅坐定,你却送来这满屋子的花,花太香了,让我静不下来。我现在的心境早过了好名骛利的中年,你总催我写诗,不是我不想写,是因为我现在就像一只小船,在八节滩头的逆流中颠簸沉浮,实在写不出啊!"

  书法和诗歌,都是需要天分的,后天的勤奋固然可以提高技艺,但这种艺术的创造有时更得益于妙手偶得之的神来之笔。"桃李春风一杯酒,江湖夜雨十年灯""落木千山天远大,澄江一道月分明"……这些诗句是何等的精彩,心峰悬月的澄澈,萧然物外的孤怀,令人叹惋和神往。字如其人,要有岁月的沉淀、心性的磨砺以及对人生世界的体认,书法是不可重复的艺术,如此元气淋漓的书法,堪称神品,如人不可能两次踏进同一条河流之中一样,一生中只有一次。看着眼前飞动的线条,冥心会神,能体会到书法家内心的悸动与笔下的波澜。这样的字是有温度的,历经千年,仍能感到灼灼的生气。这种出神入化的笔法,除了与生俱来的天赋和后天的临池苦练还不够,还缺一点东西,一点水到渠成的机缘,类似于醍醐灌顶似的悟道,禅宗的棒喝,用黄庭坚自己的说法,就是"得江山之助"。仓颉造字,天雨粟,鬼夜哭。写字自诞生之日起,便具有某种不可言说的神性。书法,自然需要冥心独往式的临池苦练,而笔法的灵动,更要在山川风物中细细体察,如雷简夫听江涛之声笔法进,文同见两蛇相斗草书长,如此才有可能龙蛇入笔。

黄庭坚对苏轼书法服膺终生,尤其推崇其"出于绳墨之外,终与之合"的境界,推其为当朝第一。后来自己书法大进,也曾流露出"与无佛处称尊"的自得,又有"鳌山悟道"的自喜,但黄庭坚后来在荆州承天寺见到苏轼《所和陶令诗》之后,感叹苏轼的诗文书法终究在自己之上:

> 观十年前书,似非我笔墨尔。年衰病侵,百事不进,唯觉书字倍倍增胜。复与范君仲处见东坡惠州自书《所和陶令诗》一卷,诗与文皆奔轶绝尘,不可追及,又怅然自失也。

当时,苏轼已在常州去世,这里黄庭坚流露出的,不是既生瑜何生亮的遗憾,而是千古悠悠两知音的惺惺相惜。

1101年,黄庭坚结束蜀地的贬谪生活,暂居荆州,应承天寺住持智珠之请,作《江陵府承天禅院塔记》。摹刻上石时,在场的荆州转运判官陈举,希望将他的名字添在末尾。黄庭坚与苏轼一样,有着与生俱来的叛逆精神,对于同声相应同气相求的朋友,有求必应,反之则不可。苏轼当年贬谪惠州时,苏州僧人卓契顺不辞辛苦,千里迢迢为苏轼苏辙两兄弟传递书信,苏轼很感激,欲答谢他,让他提要求。契顺说自己想效仿唐朝的蔡明远,蔡明远在颜真卿困顿江淮时,以钱粮周济,后来颜鲁公将其写进《蔡明远贴》,遂不朽。苏轼欣然应允,写下《书归去来词赠契顺》,成全了这个普通僧人青史留名的愿望。对陈举这种俗吏小人,黄庭坚自然不予理睬,就此埋下祸根。1102年,黄庭坚就任太平知州未果,陈举趁势向赵挺之诬告其"幸灾谤国",黄庭坚遂遭除名,羁管宜州,直至病逝。陈举达成了报复构陷的目的,但终究没能列名寺院的功德碑,而被刻入历史的耻辱柱。

小人啊,得罪不起。

崇宁四年(1105年),61岁的黄庭坚在宜州寓所走到了生命尽头。

陆游曾记述黄庭坚临终时的情景：

> 居一城楼上，亦极湫隘，秋暑方炽，几不可过。一日忽小雨，鲁直饮薄醉，坐胡床，自栏楯间伸足出外以受雨，顾谓寥曰："信中，吾平生无此快也！"未几而卒。（《老学庵笔记》）

无所有而来，无所求而去。
世间再无黄山谷。

第七辑

读书札记

谈 交 友

人不可无友,亦不可能无友,重在择友。

交友之道,人品第一,学识能力倒在其次。交友最难的是知人,那些趋炎附势、追名逐利之人,总会想方设法往自己脸上贴金,常与学界名流、文人墨客等混迹一处,但表面的附庸风雅难掩装腔作势之态,媚态可哂,其俗在骨。

知人之难,难在知面不知心,相识相交而后才能相知。朋友交接不外乎两种情况,或者一望而知其为何人,或者日久方知其为何人。前者浅露易现,如潭水至清至浅,游鱼可数,一览无余;后者深不可测,城府既深,机锋又富,如江河茫茫然无涯涘,但百川归海,久则自辨。

"知人则哲,惟帝其难。"尧舜等圣人尚且叹知人之难,何况吾辈凡夫俗子。

中国是熟人社会,讲究亲疏远近,凡事不论大小,有熟人朋友则事半功倍,否则寸步难行。今日交友寻伴便以气味相投为上,为人处事乃你情我愿各取所需,得势时,人人趋之若鹜,门庭若市;失势时,庭前冷落车马稀,无人问津。酒桌之上,花月场中,"朋友"最易得,与一众玩伴酒酣耳热之际,彼此无话不谈,掏心窝,谈理想,聊人生,你会骤然感觉真是人人知心,处处莫逆,世界真美好。酒散众人散,他日待你遇到困难,需要出手相助时,却到处碰钉子,没个好脸色,实在稀松平常。

天下熙熙,皆为利来;天下攘攘,皆为利往。如今品行高洁举止端正之人少之又少了,只能退而求其次,只要与自己性情相投、气质合契的,便可交。这也就是我们常说的"同声相应,同气相求"(《易》),"营道同术,合志同方"(《礼》)。在如今这个物质社会、关系社会,交友之道等而下之,沦为利益交换之工具,实在可叹!

朋友为五伦之一,与君臣、父子、夫妇、兄弟并重,人生在世,得一知己足矣!尧为不能与舜同心而心忧,舜为不能与大禹、皋陶同心而心忧,成汤与伊尹,周文王、武王与姜太公,之所以能成就大业,根源在于彼此心心相印、念念相通。后来的刘备与诸葛亮,苻坚与王猛,既为君臣,也是推心置腹、肝胆相照的朋友。古往今来,帝王欲兴大业,都必须依赖这些出类拔萃、可以信赖的人才辅佐。这些良友或出自平常巷陌的贫贱之交,或出自金戈铁马的战友情谊,当然,这些都是彪炳史册的大人物,但即使寻常人物,也应有芬芳悱恻之怀、坦荡磊落之心,才能有真挚恳切的友谊。

读书人不求闻达,应该以修身养性独善其身为本,而不应苦心钻营,以一朝闻名、忝列宫廷为鹄的。即使籍籍无名,也不是什么大不了的事。显赫者如伊尹、傅说,风云际会,以文章经济得大名。隐逸者如巢父、许由,托身山水泉林,放浪形骸,令人欣羡不已。普通书生一无济世之才,二无冠绝群伦的才学,还是低调些,两耳不闻天下事,一心只读圣贤书吧,不要随意评论时事,臧否人物。

和同乡熟人周旋,简单的请客吃饭,喝酒谈天之余,人品善恶,交情厚薄,往往一望可知。肚子里没墨水的俗不可耐,肚子里有墨水的也不全是温雅可亲之辈。有的人虽然从事卑微的行当,但志气高洁,也是可信可交之人,司马相如卖酒,梁鸿替人舂米,嵇康烧炉打铁,周篌开米店为生,都是如此。这些人其实都是有抱负的,迫于生计或当权者的压力,宁愿低首下心,做这些市井营生以换取平静自足的生活。他们虽隐身市井,与贩夫走卒无异,但难掩浩然之气,受人尊敬。

最看不惯有些人,一碰见位高权重的,便恨不得磕头作揖,屁股撅得高过脑袋,换了普通人,和自己差不多,甚或不如自己的,则昂首挺胸,用鼻孔视人。他们其实很可怜,因为他们活着,只认识当官的和有钱的。还有一些矫情博誉、虚伪欺人之徒,其一言一行是瞒不过众人的,毕竟大家都不傻,只是不想戳破窗户纸而已。

说到底,交友之道可概括为四句话:择交贵慎,滥交多累,浊交丧誉,清交怡情。

按:此文系由晚清文人王韬日记扩而广之(见《王韬日记》,中华书局,2015年,第208—210页),王韬与众友人吃酒谈天,纵论不平事,实为怀才不遇之士的牢骚之言。原文骈散结合,多有精警之语,文言今译,著作权属王韬,特此说明。

《春在堂随笔》三则

晚清经学大师俞樾的《春在堂随笔》,书名取"花落春仍在"之意。《随笔》取材广博,有经学、小学、诗文考释品评,有游历览胜之实录实感,还有诗友朝野之轶闻掌故,文字简约,楚楚有风致,读之忘倦。今摘录三则,附笔者跋语,以飨诸君。

一

余居西湖寓楼,楼多鼠,每夕跳踉几案,若行康庄。烛有余烬,无不见跋。始甚恶之,继而念鼠亦饥耳。至于余衣服书籍一无所损,又何恶焉。适有馈饼饵者,夜则置一枚于案头以饲之。鼠得饼,不复嚼蜡矣。一夕,余自食饼,觉不佳,复吐出之,遂并以饲鼠。次日视之,饼尽,而余所吐弃者故在。乃笑曰:"鼠子亦狷介乃尔。"是夕,置二饼以谢之。次日,止食其一。余叹曰:"不惟狷介,乃亦有礼"。

跋:鼠生污沼间,趁夜偷食,止果腹耳,事虽不仁,情有可悯。有馈饼即不食蜡,宁忍饥亦不拾人余唾,一饼饱餐绝不贪二饼,可谓有礼有节。当今之世,实利欲之渊薮,豺狼当道,鼠辈横行,狷介有礼之徒,不可多得矣。

二

余舅氏姚平泉先生，温良乐易，君子人也。尝自谓，以出世之心，行入世之事。斯言余终身诵之。今年校其遗书，属先生门下士陈子庄大令付之剞劂。有《琐谈》二卷，内一条云："凡人以君子之心度人，未必皆中，然我不失为君子，况中乎？以小人之心度人，未必不中，然我不免为小人，况不中乎？"数语亦名言也。谨识于此，以代几席之铭。

跋：常言道，莫以小人之心度君子之腹。与人交接应有君子风，宽大为怀，温厚仁义，即使旁人尽非君子，然吾可为君子；倘皆以小人心处之，苛刻狭隘，心存芥蒂，即使旁人尽非小人，然尔实为小人。

三

余同年生谢梦渔，以庚戌进士第三人及第，学问淹雅。官京师二十余年，郁郁不得志。尝语余曰："学问是一事，科名是一事，禄位是一事，三者分而不合。有学问者不必有科名也，有科名者不必有禄位也。"余深题其言。偶以语何子贞前辈，先生曰："传不传，又是一事。"

跋：《论语·子张》："子夏曰：仕而优则学，学而优则仕。"自古学问、功名、利禄为一体，须臾不可分。功名进阶之路，读书人如过江之鲫，然最终鱼跃龙门功成名就者，寥寥无几。于是乎，便有谢梦渔三者分而不合之自欺自慰语。还是子贞先生幽默明理，"传不传，又是一事"，一语点醒，读之解颐。

《河海昆仑录》偶拾

裴景福(1855—1926年),字伯谦,号睫闇,安徽霍邱人。光绪十二年(1886年)进士,历任广东陆丰、番禺、潮阳、南海县令,因与时任两广总督岑春暄结怨,1905年被革职远戍新疆。《河海昆仑录》即为其赴西北途中所作日记,书名取自诗句"难从碧海求神药,再溯黄河问女牛""一笑何时便脱去,芒鞋蹴起到昆仑"。裴景福博学多识,道途所经,耳目所遇,心思所接,皆纳入笔端,时有真情流露,文采焕然,为近代西北旅行记中之上品。

一

裴过甘肃,见左宗棠西征时所植柳树被砍伐殆尽,思之骨痛,沿途驿站为劝诫民众,张榜告示:"昆仑之阴,积雪皑皑,杯酒阳关,马嘶人泣。谁引春风,千里一碧?勿剪勿伐,左侯所植。"四字短语,言简义丰,仿《诗经·召南·甘棠》:"蔽芾甘棠,勿剪勿伐,召伯所茇。"文辞婉转,雅致可诵,且暗含惩戒之意。于是我恍然大悟,原来如今公园绿地中标语如"青青小草,踏之何忍""滴水之愿,以绿相报"等,源头在此,显然比"请勿践踏草地""请爱护绿地"这些直白表达要文雅许多,但与当年保护左公柳之语句,还是高下立判。

二

裴将五千金暂存粤人邓某处。未几,邓病,友人劝其往索,裴曰:"闻病而索之,是料其不起也。"旋闻邓病笃,友人复劝其索,裴曰:"是迫人死也。"月余,邓卒。裴往吊,并询前款,家人竟以无凭据拒之。友人献策,言邓妻信佛,可质之神前,以幼子为誓。裴曰:"乘人之危咒其孤,非仁者事也。"遂不索。

读至此,我不禁怀疑其故作姿态,五千金难道就这样打水漂了?

裴景福虽然义行可鉴,但白白失掉巨款,终不释然。某日读《阅微草堂笔记》,云有狐女与某少年狎,其父诉于法师,法师摄狐女至,谕之曰:"留未尽缘,作来世欢,可乎?"言毕,一华衣女子飘然而逝。裴顿悟,金钱、情欲皆为身外之物,狐女解脱,何以人不如狐乎?从此胸中洒然,不复置念。

裴氏自记言行,细节难免文饰夸张,自彰名节,但"粤人知此事者颇多",其事本末大抵不差,亦可见其宽厚之怀、仁义之心。置之今日,能有几人哉!

三

裴景福痛诋清末西藏活佛骄奢暴戾、鱼肉藏民之事,读之心惊。

藏民为觐见活佛,不惜进献倾家之财,沿途进香,望尘逐影,虽偏僻荒原之地,"活佛一过,即成都市"。活佛之物皆被视为至宝,以涕唾口涎活以泥土做小佛像,人得之以为护身保命,逾于金银;车骑过处马蹄扬尘,亦可取之治病;甚至有以活佛之矢,承之以橱,贮之以盘,晾干碾粉,以锦囊裹之,视若珍宝。得而食之者,必焚香祝祷,如饮屠苏,如灌醍醐。民众迷信愚昧若此,令人瞠目!

裴心甚哀,叹曰:"将操何术以祛其惑乎?"

宗教、迷信往往互为依傍。信众有疾苦不得申,有诉求不得报,乃祷诸鬼神,祈之活佛,久之心智俱失,遂盲从迷信。今日,又有市侩小人借怪力乱神,招摇撞骗,于是"大师"生焉。大师之道,不外乎"塞民之纷,贼民之智,利民之愚";大师亦长袖善舞,俨然政商两界之桥梁纽带,投其所好,各取所需,万本归一,其心在谋财。既有现实之需要、生存之土壤,大师生命力可谓强矣!

掩卷叹之:"大师其有尽乎?"

郭嵩焘与牛津大学

1875年,清政府委派郭嵩焘为出使大臣,为平息马嘉里事件,远赴英国通好谢罪。1876年12月,郭嵩焘冒雨登船,踏上西行之旅,1877年1月抵达伦敦,1879年1月销差回国,历时两年。作为中国首任驻外大使,郭嵩焘具有远超俗流的见识和胸襟,驻节海外期间,处处留心,对西方社会的体察纤毫入微,逐日写成日记,将西方各国的政教礼俗、科技物产、风土人情等尽摄笔端,粲然毕备。他对西方文化的了解,并不满足于蜻蜓点水式的浅尝辄止,事事熟思而审辨之,勤求而力学之,留下诸多迥异俗流的真知灼见。鲜为人知的是,著名的牛津大学也是郭嵩焘着意考察的对象,他在日记中留下不少相关记述,弥足珍贵。

1877年3月21日(光绪三年二月十一日),郭嵩焘应邀赴里士满,出席英国前首相罗尔斯勒斯(John Russell)的茶会。首相居所滨布洛得叱(Pembroke Rocky)庭院清幽,古树蓊郁,郭与其祖孙三人相谈甚欢。聚会结束后,他在日记中写道:

> 距伦敦二十四里,过得模斯江西南行。得模斯江昨日斗船会,为铿博德基及阿斯服两校船只,每年一斗胜。久闻知有此会,而未及一往观也。

这是牛津大学(University of Oxford)和剑桥大学(University of Cambridge)第一次在其日记中出现,此时他感兴趣的是赛艇会,并未对牛津和剑桥表现出更多的探究之想。

三个多月后,1877年6月25日(光绪三年五月十五日),郭嵩焘在使馆会见了一位在牛津大学留学的日本学生,并饶有兴致地询问了牛津大学的学科设置:

> 日本哈基苏克来见,言就学阿斯莆小学馆。凡共小学馆二十八处,其大学馆约二千人,余皆二百人。问所学何艺,曰:史学、博物。问各学馆门类几何,曰:律法、天文、地理、博物、化学、算学、史学。所谓史学,兼各国情形言之。大率不出此数者。

郭嵩焘开始主动了解牛津大学的情况,虽然对于其学科学制的叙述仍相当模糊,但此后他在日记中多次提及英国的教育体制,为他日后造访牛津埋下了伏笔。1877年11月21日(光绪三年十月十七日),牛津大学纽科里治学院(New College)院长特来向郭嵩焘转达汉学教授理雅各(James Legge)的邀请,请郭于一周后访问牛津大学。理雅各与中国渊源颇深,曾与王韬合作翻译中国的儒家经典,并邀王韬于1867年游历英伦。在他的引荐下,王韬曾到"哈斯佛大书院"演讲,成为第一位在牛津大学讲学的中国人,可惜王韬后来在《漫游随录》中对牛津大学风貌着墨不多,只大概说道:"英之北土曰哈斯佛,有一大书院,素著名望,四方来学者不下千余人。肄业生悉戴方帽,博袖长衣,雍容文雅。"寥寥数语,信息量极少,不知其详。1876年10月理雅各就任牛津大学第一任汉学教授,直到1897年病逝,其间他曾与多位中国大使见面。郭嵩焘愉快地接受了邀请,是日又记下:

> 英国两大书院,一在阿斯福,一在刊比里治。闻刊比里治尚实学,而阿斯福尚古学,两相济也。

牛津大学早期以古典人文学科和神学为主,直至19世纪初,自然科学开始缓慢进入学科体系。剑桥大学早在17世纪就确立了自然科学的主体地位，也是在19世纪才逐渐开始了人文学科的发展历程。因此，他说剑桥以自然科学见长，牛津以人文学科为主，各擅胜场，相得益彰，此言大致不差。

1877年11月28（光绪三年十月廿四日），郭嵩焘自拍定登（Paddington）启程，途经类丁（Reading），到达牛津大学，开始了为期两天的参观访问。郭嵩焘首先详细询问了牛津大学21个学院的名称、概况及住读学生人数，不避琐屑，在日记中一一胪列说明。随后，他又了解了各个学院的授课形式：

> 每住馆生各一住房、一读书房，二房相联，极精洁。所学天文、地理、数学、律法及诸格致之学，皆择其所艺已成者试之乃得入。各以类设师程督之，率十许人从一师。每学馆设一正总理（亦谓之尚书）。又总设一尚书曰占西洛尔，岁一更易。

牛津大学各个学院自主招生，自主管理，而所谓"总尚书"，不过是名誉校长。在此基础上，导师根据学科要求及学生的各自特点来进行学术指导，承担着监护人和教育者的双重角色，这便是牛津大学久负盛名的学院制和导师制。学院制和导师制是牛津大学最具特色之处，郭嵩焘的记述可谓准确扼要。

是日，郭嵩焘先参观了马克得林（Magdalen College）、阿勒苏尔士（All Souls College）、客来斯觉尔治（Christ Church College）三个学院，然后又造访了牛津大学最大的图书馆——著名的博得里图书馆（The Bodleian Library），该馆藏书量仅次于伦敦大英博物馆。郭嵩焘询问其海量藏书的来源："此所藏皆近人著述，凡书成必首纳献一部。"这就是英国图书馆的缴存制，牛津大学是缴存制的创始者，而博得里图书馆正是这一制度的最早受益者之一。郭嵩焘说"圆屋最上一层结构，旁四周为飞檐,铺以铅板,外为石栏,可以望远",可知他当天重点参观了医学和科学书籍馆,即圆形的拉德克利夫圆楼(Radcliffe Camera)。这座建于1749年的"圆屋"是一座典型的巴洛克风格建筑,坐落在圣玛丽教堂和众灵学院之间,是牛津大学的地标性建筑之一。郭嵩焘还兴致勃勃地登上图书馆顶楼,俯瞰了牛津全貌。

随后,郭嵩焘一行来到舍尔多力安西尔得剧院(Sheldonian Theatre,今称谢尔登剧院),出席理雅各《圣谕广训》的宣讲会。谢尔登剧院是牛津大学举行重要庆典活动的主要场地,1876年10月27日,理雅各正是在这里正式接受了牛津大学第一任汉学教授的教职。因此,他选此地作为讲坛,确是别有深意。理雅各此举一是向远道而来的中国使臣表示敬意,二是展示牛津大学汉学研究的学术积淀。但在郭嵩焘看来,《圣谕广训》能为西方学者悉心追摹,则是大清国圣祖"德教流行广远"的结果。当晚,郭嵩焘在理雅各主持的欢迎晚宴上与哥尔文施密斯先生会面,这位哥尔文施密斯就是曾发表过著名演讲《小说写作的指明灯》的英国教育家、历史学家戈德文·史密斯(Goldwin Smith)。

第二天,11月29日,郭嵩焘应邀在博得里图书馆列席了学位授予仪式,并旁观了学生的口试和笔试。他将博秩洛尔(Bachelor,学士)、马斯达(Master,硕士)和多克多尔(Doctor,博士)分别对应中国科举考试的秀才、举人和翰林;同时他想当然地以为博士也重前三名,将荣耀博士学位对应于科举的鼎甲,只不过荣耀学位只是虚名而已。由此,他找到了中西学制的共同点:

> 三试章程,盖亦略仿中国试法为之。所学与仕进判分为二。而仕进者各就其才质所长,入国家所立学馆,如兵法、律法之属,积资任能,终其身以所学自效。此实中国三代学校遗制,汉魏以后士大夫知此义者鲜矣。

言必称三代,是彼时中国人的共性思维;其一是对逝去的黄金时代的极致想象和赞美;其二便是夏菲·列文斯坦(Harvey Levenstein)所说的处理不同文化间距时要使用"文化拐杖",即从传统文化中截取相似物来弥合中西文化的隔膜。如此既可维护脆弱的民族文化自尊心,缓解矛盾,又可增强中国人对中华传统文化的认同感。于是上法三代,旁采泰西,成了借径西方、救亡图强的不二法门。

午餐后,郭嵩焘在理雅各的陪同下,来到格拉伦敦卜来斯印书局(Clarendon),即牛津大学出版社。他仔细询问了出版社的历史:"格拉伦敦辑查尔斯第一被弑事为一书,销行甚广,厚积资产。临卒尽蠲所有,立一书局,新旧印书局机器凡数院。"18 世纪初,克拉伦登爵士(Lord Clarendon)将《大叛乱史》一书的版权赠给了出版社,该书第一版的盈利为出版社的建立奠定了经济基础,于是牛津大学出版社便有了克拉伦登出版社的别称。在这里郭嵩焘见识了"昨夜尚是整张纸,今早已成书"的奇迹。接下来郭嵩焘又参观了牛津大学博物馆,见到了史前鱼化石、猛犸象化石等展品,在馆长毕灼尔(Pritchard)陪同下参观了天文台。郭嵩焘秉承了其一贯的勤学好问的风格,与毕灼尔探讨了《尚书》中的星象记载,还见识了庞然大物——天球同步反射望远镜。在毕灼尔的指导下,郭嵩焘用天文学家蒂拿娄(Warren de la Rue)发明并捐造的反射望远镜观测到了金星,显示出他非同一般的科学素养。毕灼尔亦记录下了郭嵩焘访问天文台并观测到金星这一历史时刻。至此,郭嵩焘为期两天的牛津大学考察圆满结束。

郭嵩焘的记述可以称得上一篇颇为详细的牛津大学考察报告,读者从他的文字中可以了解到牛津大学历史悠久,学院独立且有各自的学术特色,施行导师制,拥有图书馆、出版社、博物馆、大剧院等丰富的教育文化资源,是一座与中国传统学堂书院迥然不同的学术殿堂。国内报刊上第一篇真正意义上的牛津大学游记,据笔者所知,应是《万国公报》1902 年 6 月第 161 册所载,署名"美女士美而文"的《游奥可司福特大书院记》，与郭嵩焘相比已是瞠乎其后了。因郭嵩焘不懂英语，一些专有名词只能根据英文音译写出对应的汉语词汇，虽佶屈聱牙，但洋洋五千言的考察记，事无巨细，均苦心逊语，照实笔录，读来确实让人肃然起敬。

除对牛津大学实地考察外，郭嵩焘还与牛津大学化学家哈尔库尔德、天文学家蒂拿娄等交往甚密，常在各种学术茶会或实验室里观看各种科学实验，请教颇为精深的科学原理，偶有所得，便认真记录下来，常叹自己年老失学，"然其理吾终不能明也"，求知之心未尝稍歇。颇有意味是，1878年3月1日（光绪四年正月廿八日），郭嵩焘看到《新报》报道牛津大学师生为遭受旱灾的中国灾区募集赈款一事，忧心忡忡：

> 《新报》日载捐送中国赈项数目，而阿思茀各学院又议条款助赈。……竟以各省灾荒，导使教师行惠以要结人心，其亦耶苏教盛行中国之征乎？念之悯然而已。

西人出于人道主义，为中国筹集善款，本是正常之举，但郭嵩焘却担心英国人居心不良，借赈灾济民来行传道惑民之目的，从而使儒家文化被基督教取而代之，甚至连他素常称道的牛津大学也是另有企图。作为传统知识分子，他无法容忍儒家文化遭受西方耶稣基督教义的侵蚀，而对具有深厚基督教文化背景的牛津大学也保持着一种本能的警惕。

随郭嵩焘一同赴英的副使刘锡鸿则志不在此，他对英国的大学教育并不感兴趣，只在日记中泛泛写道："大学之处，刊卜吏治十数院，以光、化、电学为主。岳斯笏三十书院，以各国语言文字为主。"片言只语，无甚创见。

郭嵩焘并非第一个考察牛津大学的中国人，除前文提到的王韬外，1865年，清政府派遣斌椿父子率同文馆学生张德彝等一行五人，由时任中国总税务司的英国人赫德带领,出访英、法、丹麦、瑞典、荷兰等国。1866 年 4 月,斌椿一行赴牛津大学访问,只留下了"阿思佛大书院"的大致地理方位,至于学校的具体情形则未知其详。1876 年 4 月,时任海关税务司文书李圭作为中国工商业界代表,赴美国费城参加纪念美国独立百年世界博览会。李圭结束博览会相关活动后,于 1876 年 11 月造访了伦敦"奥克司芬城大书院",他拜会了理雅各,并由其导游各处。李圭了解到"大书院共有二十一所,讲堂六所,贡院一所,书库一所",而最大的学院叫"客利司柘池",即基督教堂学院(Christ Church College),王室成员多肄业于此。他将"道德"(Doctor)、"扑非色"(Professor)分别等同于中国的进士、举人,将学生校服称为"号衣",让人忍俊不禁,他笔下的牛津大学情形较斌椿、张德彝、王韬等人的记述要具体一些,但仍失之粗率。可以肯定的是,郭嵩焘是第一个深入考察牛津大学并留下详细记录的晚清文人。

牛津大学先进的教育理念、规范的学科设置和科学的培养体制都给郭嵩焘留下了深刻印象,他进而不断思考借鉴西方大学模式改革中国传统教育的可能。他在 1878 年 10 月 11 日致沈葆桢的信中说:"嵩焘读书涉世垂四十年,实见人才、国势关系本原大计,莫急于学。……至泰西而见三代学校之制犹有一二存者,大抵规模整肃,讨论精详,而一皆致之实用,不为虚文。"他痛斥中国科举虚文应时、空谈科名之弊病,表达汲取传统之精华、学习西方、再造中国教育的迫切愿望。

百年以来,国人竞相以西方大学为圭臬,言必称牛津剑桥已成风尚。胪列史实不是本文的目的,而是想借郭嵩焘的足迹与文字,来回味近代以来西方大学体制跨海而来反客为主的历程,反省如今我们的大学发展与改革该何去何从:是亦步亦趋,还是博采众长;是一味西化,还是保留传统;是克隆复制,还是借鉴创新,这都是我们亟待解决的问题。

康有为与慕尼黑啤酒

1898年戊戌变法失败,康有为仓皇出逃,亡命海外十六年。康氏遍游意大利、瑞士、奥地利、匈牙利、丹麦、瑞典、荷兰、比利时、德、法、英、美、挪威等三十一国,自诩为遍尝百草的神农,"考其性质色味,别其良楉,察其宜否,制以为方,采以为药",著《欧洲十一国游记》(康有为《欧洲十一国游记》公开出版者仅有《法兰西游记》和《意大利游记》,后《突厥游记》《欧东阿连五国游记》《补德国游记》《满的加罗游记》刊于《不忍》杂志。蒋贵麟将已刊游记文本辑为《康南海先生游记汇编》一册刊行。1984年上海市文管会根据康有为未刊文稿,编成《康有为遗稿:列国游记》一书,收录游记26种,由上海人民出版社1995年出版,本文所据即为此版本)记其海外见闻。康有为的海外游记汪洋恣肆,浑浩流转,西洋各国的政教国体、工艺制造、风土人情、文化艺术等靡所不记,蔚为大观,颇有大海惊涛,如履衽席之悠游豪迈。康有为以神农自膺,亦豪言甘愿为庖人,烹制万国美食"而同胞坐食之";愿为画工,描摹列国风景而"同胞游览焉"。康有为将列国美食尽收笔底,并常有比较点评,读来饶有兴味。鲜为人知的是,康有为漫游德国时,与驰名天下的慕尼黑啤酒还有一段不解之缘。

1904年6月,康有为一行自瑞士进入德国境内,见山川铺翠,楼宇新鲜,严肃整齐,耳目为之一新。康有为辗转穿梭于慕尼黑、柏林、波茨坦、汉堡、科特布斯、科隆、亚琛等各大城市,游览莱茵河,称其风景妙丽,罕有其匹;访问参观克虏伯制造厂,赞德国工业制造精益求精,冠绝欧美;访问联邦议院,颇感政治清肃,秩序井然;而所到之处,男士皆英

武雄壮,女士亦秀倩可嘉,彬彬知礼……凡此种种,慨然有霸国之盛。这一切都是康有为从未有过的旅行体验,不禁由衷叹服:

> 吾游遍万国矣。英国虽为欧土先驱,而以今论之,则一切以德为冠。德政治第一,武备第一,文学第一,警察第一,工商第一,道路、都邑、宫室第一,乃至相好第一,音乐第一,乃至全国山水之秀绿亦第一。

康有为对德国可谓情有独钟,自言"九至柏林,四极其联邦,频贯穿其数十都邑"。一方面因德国居欧洲中西部,地理位置的便利;另一方面则是康有为将理解、消化普鲁士—德国崛起的经验并以之为中国现代化的借镜,在他心目中,后来居上、冠绝欧土的德国无疑是中国效仿的范例,因此他对德国的考察也最为用心。在他看来,德国的过人之处实在难以尽述,而饮食之中最吸引他的,莫过于独步天下的猫匿(慕尼黑,Munchen)啤酒:

> 猫匿之啤酒名天下,吾遍饮欧美各国之啤矣,皆略有苦味,不宜于喉胃,惟猫匿之啤酒入喉如甘露,沁人心脾,别有趣味。德国人人无有不饮啤者,其饮啤之玻杯奇大如碗,圆径三四寸,有高八寸而圆径二寸,初视骇人,全欧美所无也。

作为初涉西方的中国传统文人,第一次接触啤酒这种迥异于中国口味的酒精饮料,即能如此适应,确实不多见。自称生平不饮酒的康有为,在猫匿品尝了地道的德国啤酒之后,每日必饮,连续半月后,再难释怀。此后,他每到饭店便思饮猫匿啤酒,"不一饮之则喉格格索然",足见慕尼黑啤酒之魅力。康有为不惜溢美之词,大赞"猫匿啤酒真为天下第一"。畅饮之余,他甚至认为,德国人之所以颜如渥丹,仪表壮伟,皆啤酒所赐。中国人面黄肌瘦,形容枯槁,正需要德国啤酒滋补:"则啤酒最宜于吾国人者也。"联想跨度太大,令人咋舌,可谓饮酒不忘忧国,不失政治家忧国忧民之本色。康有为还有诗咏之:

啤酒尤传免恨名,创于湃认路易倾。吾曾入饮王酒店,三千人醉饮如鲸。

他饶有兴味地作了一番注解:"吾性不饮酒,德食店不饮者多出一壁,故吾饮啤酒尤爱免恨啤,免恨英音读猫匿。此酒创于湃认王,路易德音呼王为倾。有王酒店,吾饮焉,大容三千人,沉湎常满饮者,琉璃杯大如斗,然德人之肥泽由啤酒,醉不害事,亦饮中之佳品也。"(康有为:《康有为遗稿:万木草堂诗集》)康有为此诗描绘的其实是慕尼黑啤酒节的盛况。慕尼黑啤酒节也叫"十月节",起源于1810年10月17日,是为庆祝巴伐利亚的皇太子路德维希(Ludwig)和勒吉(Therese)公主的婚礼而举行的一系列狂欢活动。活动中,啤酒商和酒馆可以在活动中摆摊销售,人们尽情开怀畅饮,久而久之,王室的庆典活动逐渐被湮没于啤酒的泡沫之中,演变成了世界上最著名的啤酒节,而慕尼黑也以"啤酒之都"享誉世界。此处的"湃认"即拜仁州(Freistaat Bayern),"路易倾"即(Ludwig Konig)。康有为对慕尼黑啤酒的推崇,实在无以复加。他还详细考察了德国啤酒的产量:

德人以好啤酒名,制麦酒亦最有名,酒场二万五千,岁酿二千四百万樽,费麦九十六万吨,每吨可造酒二十五樽,普十之六,巴威十之三,平均每人饮二十加仑,天下皆谓德人好酒。

他显然已经意识到,德国啤酒之所以风靡欧洲,在于其厂家众多,且制造工艺先进,本质上是成熟的机器工业化的一种产品而已。"美食往往作为非常重要的地方人文景观,以此凸显地区文化及其个别性的重要媒介"(廖炳惠:《吃的后现代:一位台湾学者的餐饮哲学》,广西师范大学出版社,2008年)。显然,在康有为眼中,慕尼黑啤酒凝集了德国高度工业化文明及文化中壮美阳刚的一面,成为象征德国富强文明形象的一个意味深长的文化符号。

康有为自诩遍尝各国啤酒,此言不虚,英国"尾士竭"(威士忌)、法国葡萄酒等,他确实不止一次地品尝过,对法国葡萄酒的产量和销售情况也有细致的考察。不过酒虽美,但宜适量,过量饮酒不但伤身,更有损于社会文明。康有为多次对欧美国家的酗酒陋习提出批评:

> 今欧人无不好饮者,德法尤甚,客店食桌中无有无酒盏者。

> 虽俭于食而嗜饮酒,德、法、美尤甚,四十余足多肿,已难作工,五十后无所归,遂入院,以为俗焉。

> 吾观欧美人醉酒之风,夜卧于道而哗于市,归殴其妻,而争杀开枪致死者,比比也,阅报者日见之不鲜。所经小市大衢,卖酒店相望,竟日作工,所入尽付酒家,而导淫演杀,与酒为邻。若此败风,惟吾国无之,欧美皆然,但法人为尤甚耳。盖吾国酒俗,为过去世矣。不知者开口媚欧美人为文明,试入卖酒垆,观其乱状,与我孰为文明哉?

德国人虽然好饮酒,但德国规定"校尉正佐皆不许饮酒",否则重罚。康有为颇为钦佩,赞其"德盖以严肃治国,故其强若此"。正是基于嗜酒带来的种种恶果,康有为告诫国人,猫匿啤酒虽好,但喝起来要自制。他颇为自豪地指出,中国作为礼仪之邦,要比西人更理性和节制。早在《尚书·酒诰》中便已有对酗酒治罪的记载,甚至和道光年间惩治吸食鸦片者的刑罚一样严苛。酒不仅是一种饮料，更是一种消费品，属于声色与感官的物质文化范畴之内，一旦滥用，即会带来身体机能的损伤和社会风气的败坏。康有为对西方人酗酒劣习的描述，并非客观情况的真实反映，但揭示了他对西方文化中无节制一面的反感。西人物质虽盛，但道德文明欠佳，这与其《物质救国论》的主旨一脉相承。康有为对"猫匿啤酒"的"爱恨交织"，其实揭示了作为近代全球化与工业化浪潮的早期体验者，潜意识中对西方物质文明既拒斥又向往的复杂情感。

康有为一生纵横四海，学贯中西，其思想可谓丰富驳杂，其海外游记中的饮食书写往往被读者忽视，而他与慕尼黑啤酒的邂逅更是少有人提起。其实，一饮一食之生活细节，一笑一颦之举止言行，最见真性情。如此一来，康圣人的面貌也会更生动鲜活，意趣盎然。